高职高专学前教育专业"十三五"规划教材
学前教育专业校园（企）合作开发系列教材

幼儿园组织与管理

YOUERYUAN ZUZHI YU GUANLI

主　编　朱　媛
副主编（按姓氏音序排列）
　　何　湘　贺雪萍　冉嘉洛
　　姚光红　曾小兰　张　华
　　周　燕

西南交通大学出版社
·成都·

图书在版编目（CIP）数据

　　幼儿园组织与管理 / 朱嫒主编. —成都：西南交通大学出版社，2016.5（2022.8 重印）
　　高职高专学前教育专业"十三五"规划教材　学前教育专业校园（企）合作开发系列教材
　　ISBN 978-7-5643-4592-1

　　Ⅰ. ①幼… Ⅱ. ①朱… Ⅲ. ①幼儿园 – 组织管理 – 高等职业教育 – 教材 Ⅳ. ①G617

　　中国版本图书馆 CIP 数据核字（2016）第 039844 号

高职高专学前教育专业"十三五"规划教材
学前教育专业校园（企）合作开发系列教材

幼儿园组织与管理

主编　朱嫒

责任编辑	梁　红
封面设计	墨创文化
出版发行	西南交通大学出版社 （四川省成都市金牛区二环路北一段 111 号 西南交通大学创新大厦 21 楼）
发行部电话	028-87600564　028-87600533
邮政编码	610031
网　　址	http://www.xnjdcbs.com
印　　刷	成都蓉军广告印务有限责任公司
成品尺寸	185 mm × 260 mm
印　　张	10.75
字　　数	267 千
版　　次	2016 年 5 月第 1 版
印　　次	2022 年 8 月第 5 次
书　　号	ISBN 978-7-5643-4592-1
定　　价	24.00 元

课件咨询电话：028-81435775
图书如有印装质量问题　本社负责退换
版权所有　盗版必究　举报电话：028-87600562

序 言

2010年，国家先后颁布了《国家中长期教育改革和发展规划纲要（2010—2020年）》和《关于当前发展学前教育的若干意见》，这标志着我国学前教育的发展踏上了一个新的里程。近年来学前教育事业规模不断扩大，教育教学改革不断深化，这给幼儿园带来了重大的发展机遇，也对幼儿园的管理提出了更严格的要求。如何完善幼儿园管理制度，推进管理的现代化，促进学前教育健康可持续发展，成为现阶段幼儿园管理工作的重要课题。

本书全面贯彻2016年新《幼儿园工作规程》的文件精神，在多年教学改革的基础上，通过对学前教育托幼机构管理、营销等相关职业工作岗位的深入调研，借鉴先进的课程开发理念，基于工作过程的课程开发理论，抽取了幼儿园管理过程中人、事、财、物、时间、空间、手段七项基本要素，整合内容对其学习领域课程进行重点建设，从而促使学生掌握幼儿园管理的特点及规律性，树立保育教育相结合的正确理念；认识到幼儿园卫生保健的重要性、后勤总务工作的服务性和先行性；了解我国幼教管理的政策和法规，了解幼儿园的组织机构和规章制度；掌握基本营销管理知识，训练学生班级常规管理的技能技巧；重点培养学生用管理的知识解决幼儿园实际问题的能力，培养学生对幼教事业的责任心、使命感，以便进一步推动我国幼儿园管理科学化的进程。

本书作为高等院校学前教育专业的项目化教材，为便于学生学习和教师使用，在内容的选择及设计上，我们将教育案例放置篇首进行深入解读，并将每个项目最后一个任务作为具体的工作任务，突出从实际工作中谈管理，体现理实融合、做中学的基本理念；从文字表述到内容编排，都力求做到深入浅出、简明易懂、贴近现实。本书既可供高等院校学前教育专业的学生使用，亦可作为幼儿园教师职前培训或在职进修、业务培训教材使用，此外，也可供广大的幼教工作者阅读与参考。

本书的所有编委通力合作，共同承担了全书的统稿及编写任务。编写人员具体分工如下：朱媛（主编）编写项目五并负责全书审稿及统稿，姚光红编写项目一，冉嘉洛编写项目二，张华编写项目三，贺雪萍编写项目四，周燕编写项目六，曾小兰编写项目七，何湘编写项目八。

在编写本书时，我们参考或引用了许多专家、学者以及同行的著作、教材和研究成果，在此谨向所有被参阅文献的作者表示衷心的感谢！

尽管我们在编写中做了很大的努力，但由于时间仓促和水平所限，书中难免有疏漏之处，谨望广大读者批评指正，以便我们加以修正。

编 者
2015年12月

目 录

项目一　幼儿园管理理念 1
  任务一　幼儿园管理现象观察 1
  任务二　理解管理及其内涵 3
  任务三　认知幼儿园管理 8
  任务四　申办幼儿园的基本条件 17

项目二　幼儿园人力资源管理 19
  任务一　幼儿园机制混乱案例 19
  任务二　幼儿园的人力资源管理 20
  任务三　幼儿园人员的招聘和培训 30

项目三　幼儿园常规事务管理 33
  任务一　保教工作中的安全问题 33
  任务二　幼儿园常规事务工作 34
  任务三　幼儿园教研活动方案的制订 45

项目四　幼儿园财务管理 48
  任务一　幼儿园财务管理解析 48
  任务二　认知幼儿园财务管理基本理论 50
  任务三　编制幼儿园财务预算 55

项目五　幼儿园课程管理 58
  任务一　幼儿园课程改革案例解析 58
  任务二　幼儿园的课程管理 60
  任务三　开发园本课程方案 72

项目六　幼儿园时间管理 75
  任务一　时间都去哪了？ 75
  任务二　幼儿园班级管理的时效性 76
  任务三　制订幼儿园班级管理计划 84

项目七　幼儿园空间管理 90
  任务一　幼儿园空间管理案例解析 90
  任务二　认知幼儿园空间管理基本要求 92

任务三　主题环境创设 ·· 99
项目八　幼儿园经营管理 ·· 102
　　任务一　园所经营案例解析 ·· 102
　　任务二　幼儿园经营管理手段 ·· 104
　　任务三　招生宣传 ·· 107
附录1　四川省幼儿园办园基本要求（试行） ·· 111
附录2　幼儿园园长专业标准 ·· 115
附录3　幼儿园工作规程 ·· 119
附录4　托儿所幼儿园卫生保健工作规范 ·· 127
附录5　上海市幼儿园保教质量评价指南 ·· 154
参考文献 ·· 165

项目一　幼儿园管理理念

任务一　幼儿园管理现象观察

【案　例】

幼儿园（Kindergarten），一个美丽的名字。"幼儿园之父"福禄贝尔在一次林中散步时，从他所看到的花草树木的自然乐趣中忽有所悟，遂得其名。从诞生之日起，幼儿园就是一个充满温馨、呵护与安全的场所，那里有天真纯洁的幼童、温和善良的老师以及五彩缤纷童话般的环境，给人一种天真无邪、快乐无比的感觉。

从一开始，幼儿园就成为儿童乐园的同义词。

幼儿园一日生活制度看似简单，却充满了生活化、游戏化的各种细节。但是近来幼儿园危机事件频发，管理上存在诸多问题。

- 生活落魄，幼儿园成发泄之地

2004年2月27日，马×因生意失败，挣钱无计，自感前途无望，预谋报复社会，蓄意杀人。在马×闯入辛集市××××幼儿园行凶之时，辛集市中医院护士郭×为保护63个孩子而英勇牺牲，其三岁半的儿子杜××也惨遭毒手。

- 食堂卫生差，孩子拉肚子

因银川市某中心幼儿园食堂卫生问题，该园182名儿童出现细菌性痢疾症状。卫生部认定幼儿园承担主要责任。

- 淡忘职责，孩子被摧残

2002年5月24日下午5时许，4岁的小女孩晶晶，被陌生人从重庆市某幼儿园带走，摧残得浑身是伤。小女孩的父母将该幼儿园起诉到重庆市九龙坡区法院，索赔精神损失费八万余元及医疗费。

- 危房开班，幼儿伤残

2004年8月10日上午9时，海南省济源市克井镇后沟村村民苗×私自开办的幼儿班房屋突然倒塌，导致39名幼儿被掩埋，其中两名幼儿经抢救无效死亡，28名幼儿受伤。发生坍塌事故的幼儿班所使用的房屋是村里废弃小学的旧房，设施比较简陋，属于危房。

- 生源大战，互相拆台

最近几年，在市场经济大潮的影响下，早期教育被排除在义务教育之外，不少幼儿园创办者坚持教育产业化的价值取向。临近开学，不少媒体纷纷报道幼儿园的"生源大战"，有园长为拉生源，将管理费、伙食费一降再降，恶性竞争，最后导致幼儿园关闭。

【原因解析】

一、集体生活的危机

（1）幼儿自理能力较弱：在家中，幼儿由父母或几个家庭成员一起来照顾。而在班集体中的幼儿，生活需要并没有减少，但很多方面的问题只能依赖教师的言语提示和动作的逐步训练来解决。因此，动作失误或危机意识缺乏，往往是幼儿在成长中产生危机的一个重要根源。

（2）班额过大、师生比失调：教师虽极尽所能，但还是很难注意到每个孩子。孩子出现危险举动时，教师未能及时制止，以致孩子的成长危机四伏。

二、探索世界中隐藏的问题

（1）幼儿的行为特点引发的成长危机：幼儿好奇、好动，生活经验缺乏，缺乏防范意识。

（2）环境中的不当因素，如缺乏缓冲物铺垫的滑梯四周、带着尖角的门窗等，都可能在孩子的活动中，对孩子造成伤害。

三、游戏活动中的伤害

（1）危险、有害物品的摆放位置不妥。

（2）玩具消毒、检修不到位，玩具不符合安全标准，玩具不适合使用人群等。

四、卫生安全的中的隐患

（1）晨、午、晚检形同虚设。

（2）幼儿园用房不规范，隔离室被挪作他用。即使发现病孩，也无法采取有效的隔离措施。

（3）教师、保教人员急救和疾病处理知识缺乏。

五、教师管理中的人员矛盾与流失

（1）园长管理无方，规章制度形同虚设。

（2）女性细腻与敏感，容易引起冲突和矛盾。

（3）在人事变动中，有些教师的职业认同度、岗位认同度降低，责任心、规范意识也会下降。这将导致保教工作质量整体下降，教师流失现象比较严重。

六、商业化运作中丢失的信誉

（1）不择手段地展开生源大战，幼儿园的信誉、生存受到影响。

（2）一味地迎合家长，不惜违背教育规律，幼儿的发展受到影响。

（3）将开办幼儿园视为商业行为，只考虑短期收益，而不按国家安全标准执行，很少顾及幼儿的安全。

（4）对社会不安全因素重视不够，幼儿园管理漏洞百出，给犯罪分子以可乘之机。

（5）缺乏先进的管理理念，当有危机发生时，缺乏系统、有效的危机管理预案。

七、闭门办园，消极应对媒体

（1）幼儿园缺乏媒体应对专项方案，存在对媒体避而不见或面对媒体手忙脚乱的情况。

（2）缺乏受过专门培训的人员，在应对媒体时常常出现不必要的失误，使得危机加剧。

- 社会中的失范行为给幼儿园带来的威胁（精神病患者、个人债务纠纷、重组家庭问题）。
- 幼儿园开办者的低素质引发的不恰当教育行为。
- 教师聘用制的短期行为，导致教师责任感下降。
- 社会诚信度降低波及幼儿园，导致事故隐患存在。

- 社会不安全因素增多。
- 教师心理问题激增。

【任务反思】

1. 什么是幼儿园管理？它包含哪些要素？
2. 管理中应遵从哪些基本原则？
3. 管理的基本方法有哪些？
4. 管理科学形成的标志是什么？其发展的主要体现有哪些？
5. 管理理念经历了哪些变化？当前主要的管理理念有哪些？

任务二　理解管理及其内涵

一、管理的定义

管理是指一定组织中的管理者通过实施计划、组织、人员配备、指导与领导、控制、创新等职能来协调他人的活动，使别人同自己一起实现既定目标的活动过程。它是一种与人类社会共生的社会活动。管理的最基本形式是组织，或者说组织是管理最原始和最基本的手段。管理的任务是有效地实现人类活动的社会协作，通过最佳的协作方式和最优的组织结构保证在实现目标的过程中，以最小的支出使人力、物力和财力发挥出最大效应。管理是一个体系，是管理者、被管理者、相应的物质载体，以及管理手段、技术和方法构成的组织系统。管理是一个过程，是管理者与被管理者共同实现他们的既定目标的活动。

二、管理的属性

马克思关于管理问题的基本观点是：任何社会生产都是在一定的生产关系下进行的。从最基本的含义来看，管理一是指挥劳动，二是监督劳动。由于生产过程具有两重性——既是物质资料的再生产，又是生产关系的再生产，因此，对生产过程进行的管理也就存在着两重性：一种是与生产力、社会化大生产相联系的管理自然属性；一种是与生产关系、社会制度相联系的管理社会属性。

管理自然属性表现为管理具有合理组织生产力（指挥劳动、协作劳动）的职能。这是由共同劳动的社会化性质所决定的，是进行社会化大生产和组织劳动协作过程的必要条件。管理的这一职能或属性在任何社会制度下都是存在的。

管理的社会属性主要表现为维护和发展生产关系（监督劳动）与上层建筑的管理职能。管理总是同生产关系、社会制度相联系的。管理反映一定社会形态中人与人的关系，管理的目的、范围和内容，以及原则、方法等均取决于一定的社会形态的性质，取决于一定社会形态中占统治地位的社会关系。

【拓展阅读】

中国古代以儒家思想管理国家，儒家思想主要是"仁"和"礼"，所以中国古代管理思想的核心是"仁"和"礼"，其管理的指导思想和主要原则，可以概括为如下一些要点：

（1）顺"道"。中国历史上的"道"有多种含义，属于主观范畴的"道"，是指治国的理论；属于客观范畴的"道"，是指客观经济规律，又称为"则""常"。这里用的是后一种含义，即管理要顺应客观规律。

（2）重人。"重人"是中国传统管理的一大要素，包括两个方面：一是重人心向背，二是重人才归离。要夺取天下、治好国家、办成事业，人是第一位的，故我国历来讲究得人之道、用人之道。

（3）人和。"和"就是调整人际关系，讲团结，上下和，左右和。对治国来说，和能兴邦；对治生来说，和气生财。故我国历来把天时、地利、人和当作事业成功的三要素。

（4）守信。治国要守信，办企业要守信。信誉是人与人之间建立稳定关系的基础，是国家兴旺和事业成功的保证。

（5）利器。生产要有工具，打仗要有兵器，中国历来有利器的传统。孔子说："工欲善其事，必先利其器。"使用利器可达到"其用日半，其功可使倍"的效果。

（6）求实。实事求是，从实际出发。儒家提出"守正"原则，看问题不要偏激，不要过头，也不要不及。过了头，超越客观形势，就会犯冒进错误；不及于形势又会错过时机，流于保守。两种偏向都不好，都应该避免。

（7）对策。"运筹策帷帐之中，决胜于千里之外。"（《史记·高祖本纪》）这说明在治军、治国、治生等活动中，都必须统筹谋划，正确研究对策，以智取胜。研究对策有两个要点：一是预测，二是运筹。

（8）节俭。我国理财和治生，历来提倡开源节流、崇俭拙奢、勤俭建国、勤俭持家。孔子主张"节用而爱人，使民以时"；墨子说："其财用节，其自养俭，民富国治。"

（9）法治。我国的法治思想起源于先秦法家和《管子》，后来逐渐演变成一整套法制体系，包括田土法制、财税法制、军事法制、人才法制、行政管理法制、市场法制等。

三、管理的核心

管理的核心是人以及处理各种人际关系。它直接表现为组织的社会气氛、群体之间的关系。群体是组织内部的团体，有正式与非正式之分。正式团体是指组织内按专业分工所划分的各个部门；而非正式团体则是指正式团体的一些成员为某种共同的感情或需要而形成的一种无形的团体。我们要重视非正式团体的作用，处理好它们与正式团体之间的关系。

【拓展阅读】

非正式组织的作用及危害

一、非正式组织的作用

非正式组织有其缺点，但管理者若能加以注意亦可产生以下效果：

（1）弥补不足。任何一个正式组织，无论其政策与规章如何严密，总难巨细无遗。非正式组织可与正式组织密切配合，弥补正式组织的不足。

（2）协助管理。正式组织若能得到非正式组织的支持，则可提高工作效率。

（3）加强沟通。非正式组织可使员工在受到挫折或遭遇困难时，有一个发泄的通道。

（4）纠正管理。非正式组织可促使管理者对某些问题进行合理的处置。

二、非正式组织的危害

（1）抵制变革。非正式组织有时会使人们产生一种抵制革新的心理。

（2）滋生谣言。谣言在非正式组织中极易滋生。

（3）阻碍努力。工作人员在工作中有时会受到非正式组织中其他成员的影响，不敢过分努力。

（4）操纵群众。有些人员成了非正式组织的领袖，常利用其权力，对群众施以压力，并加以操纵。

四、管理的职能

管理的目的是提高效率。根据戴明的循环理论，管理的基本职能包括以下几方面：

（一）计划职能

任何有组织的集体活动，都需要在一定的计划指引下进行。计划就是对组织未来活动进行的一种预先筹划。管理者通过制订计划，可以帮助组织成员认清所处的环境和形势，指明其活动的目标及实现目标的途径。任何活动在开始之前，首先需要制订出计划，这样才能做到有的放矢。计划工作要包括以下内容：

（1）研究活动条件。

（2）制定活动决策。

（3）制订行动计划。

（二）组织职能

为了确保制订出来的计划能够顺利得到实现，管理者还需要对组织中每个单位、每个成员在工作执行之中的分工协作关系做出合理的安排。为此，管理者需要围绕组织职能完成如下几方面的工作：

（1）设计组织结构。
（2）配备人员。
（3）运行组织。
（4）变革组织。

（三）领导职能

所谓领导，是指管理者利用组织所赋予的职权和自身拥有的权力去指挥、影响和激励组织成员为实现组织目标而努力工作的一种具有很强艺术性的管理活动过程。实施有效的领导，要求管理者在特定的环境中，利用自身优秀的素质，采用适当的方法，针对组织成员的需要及行为特点，采取一系列的措施去提高和维持组织成员的工作积极性，使成员将自己的能力充分地发挥出来。

（四）控制职能

控制是为了保证组织各部门、各环节能按既定的计划开展工作从而实现组织目标的一项管理活动。其内容包括：根据计划标准检查各部门、各环节的工作情况，判断其工作结果是否与计划要求相吻合以及存在的偏差程度。如果存在较大的偏差，则分析偏差产生后对业务活动的影响及产生偏差的具体原因。在此基础上，如果有必要的话，还要针对所发现的原因制订并实施纠正偏差的措施，以确保组织目标和计划的有效实现。

控制不仅是对组织计划执行情况的检查和监控，而且可能是在偏差纠正措施难以取得预期效果或者当组织内外环境出现重大变化时，管理者在本计划执行期尚未结束前，就做出使某时点以后的组织活动发生局部甚至全局调整的计划修订或重新制订行为。这样，控制可能意味着新的计划的提前开始。

五、管理科学的形成与发展

（一）科学管理学的萌芽

1911年，美国科学管理学派的创始人泰勒出版了《科学管理原理》，全面系统地构建了管理的基本内容体系，这被认为是管理科学的发端和管理建立的标志。这是美国管理运动的产物，泰勒也因此被尊称为"科学管理之父"。其理论的主要内容可概括为以下八个方面：

（1）科学管理的中心问题是提高效率。
（2）为了提高劳动生产率，必须挑选"一流的工人"。

（3）使工人掌握标准化的操作方法，使用标准化的工具、机器和材料，并使作业环境标准化，这就是所谓的标准化原理。

（4）实行刺激性的计件工资报酬制度。

（5）对劳资双方进行"精神革命"是从事协调与合作的基础。

（6）把计划职能同执行职能分开，变原来的经验工作法为科学工作法。

（7）实行"职能工长制"。

（8）在组织机构的管理控制上实行例外原则。

（二）管理科学的技术性发展

吉尔布雷斯夫妇改进了泰勒的方法，形成了工程管理学（工效学）。我们称泰勒方法为"工作研究"；而吉尔布雷斯夫妇的方法，我们称之为"运动研究"。这两者的差别在于，泰勒是基于在生产线上找工人做实验的方法，吉尔布雷斯夫妇发明了一个"动素"的概念。他们把人的所有动作归纳为17个动素（如手腕动称为一个动素），再把所有的作业分解成一些动素的和。对每个动素进行定量研究之后，就可以分析出每个作业需要花费的时间。

吉尔布雷斯夫妇重视对工时的研究，其研究成果对工业发达国家有重大影响。吉尔布雷斯认为：细微动作不当，成千上万次重复，是造成惊人浪费的主要原因。他重视每一细微动作的研究，重视细微动作的积累效果，重视材料、工具设备、技巧和个人因素的密切结合，为了了解生产过程中的动作经济原理，他研究了人的双手和身体其他部位的细微动作。1912年，他把动作研究方面的成果——17个基本动素，在美国机械工程师学会上发表，后来机械工程师学会加了一项发现，最终将人体动作分为18项。吉尔布雷斯夫妇认为作业的高效率受到两个因素的影响：一是科学的作业标准和作业条件；二是刺激性的工资制度。其中，作业标准和作业条件必须通过时间研究和动作研究才能确定。

（三）管理科学的理论发展

"管理理论之父"法约尔于1916年发表著作《工业管理与一般管理》，这是他一生管理经验和管理思想的总结。法约尔认为，他的管理理论虽然是以大企业为研究对象，但除了可应用于工商企业之外，还适用于政府、教会、慈善团体、军事组织以及其他各项事业。所以，人们一般认为，法约尔是第一个概括和阐述一般管理理论的管理学家。

法约尔指出，任何企业都存在六种基本的活动，管理只是其中之一。这六种基本活动是：① 技术活动（指生产、制造、加工等活动）；② 商业活动（指购买、销售、交换等活动）；③ 财务活动（指资金的筹措和运用）；④ 安全活动（指设备维护和职工安全等活动）；⑤ 会计活动（指货物盘存、成本统计、核算等）；⑥ 管理活动（指计划、组织、指挥、协调和控制五项职能活动）。在这六种基本活动中，管理活动处于核心地位，即企业本身需要管理；同样，其他五项属于企业的活动，也需要管理。

同时，法约尔根据自己的工作经验，归纳出简明的14条管理原则：① 分工；② 职权与职责；③ 纪律；④ 统一指挥；⑤ 统一领导；⑥ 个人利益服从整体利益；⑦ 个人报酬；⑧ 集中化；⑨ 等级制度；⑩ 秩序；⑪ 公平；⑫ 保持人员的稳定；⑬ 首创精神；⑭ 团结精神。法约尔强调，以上14条原则在管理工作中不是死板和绝对的东西，这里全部存在尺度问题。在同样的条件下，几乎从不两次使用同一原则来处理事情，应当注意各种可变因素的影响。因此，这些原则是灵活的，是可以适应于一切需要的，但其真正的本质在于懂得如何运用它们。这是一门很难掌握的艺术，它要求智慧、经验、判断和注意尺度（也即"分寸"）。

（四）管理组织体系的发展

马克斯·韦伯（Max Weber）是德国著名的社会学家，在管理理论上的研究主要集中在组织理论方面，主要贡献是提出了所谓理想的行政组织体系理论。他被称为"组织管理之父"，他的理论集中反映在他的代表作《社会组织与经济组织》（1910年）一书中。这一理论的核心是：组织活动要通过职务或职位而不是通过个人或世袭地位来管理。同时，他也认识到个人魅力对领导作用的重要性。

现代社会最有效和最合理的组织形式应该具有如下一些特点：①明确的分工；②自上而下的等级系统"层峰结构"；③人员的任用；④职业管理人员；⑤遵守规则和纪律；⑥组织中人员之间的关系。韦伯认为，这种高度结构的、正式的、非人格化的理想行政组织体系是人们进行强制控制的合理手段，是达到目标、提高效率的最有效形式。这种组织形式在精确性、稳定性、纪律性和可靠性方面都优于其他组织形式，能适用于当时的各种管理工作及日益增多的各种大型组织，如教会、国家机构、军队、政党、经济企业和各种团体。

（五）管理中人本主义的发展

1924—1932年，梅约在美国西屋电气公司霍桑工厂进行试验，其结论"要注意人的因素"引起轰动。这可以看作管理科学的里程碑之一。

通过四个阶段历时近8年的霍桑试验，梅约等人认识到，人们的生产效率不仅要受到生理方面、物理方面等因素的影响，而且要受到社会环境、社会心理等方面的影响。这个结论是相当有意义的，这对"科学管理"只重视物质条件，忽视社会环境、社会心理对工人的影响来说，是一个重大的修正。根据霍桑试验，梅约于1933年出版了《工业文明中人的问题》一书，提出了与古典管理理论不同的新观点，主要归纳为以下几个方面：①工人是"社会人"，而不是单纯追求金钱收入的"经济人"；②企业中除了"正式组织"之外，还存在着"非正式组织"；③新型的领导在于通过对职工"满足度"的增加，来提高工人的"士气"，从而达到提高效率的目的。

任务三　认知幼儿园管理

一、幼儿园管理

（一）幼儿园管理的含义

幼儿园管理是指幼儿园管理人员和有关幼教行政人员遵照一定的教育方针和保教工作的

客观规律，采用科学的工作方式和管理手段，将人、事、财、物、时间、空间、手段等因素合理组织起来，调动各方面的积极性，优质高效地实现国家所规定的培养目标和幼儿园工作任务所进行的各种一般职能活动。

幼儿园管理主要包括两大方面：一是幼儿园内部管理，诸如幼儿园的保健工作、教育教学工作、总务后勤工作等；二是幼儿园工作的教育行政管理，如幼教专业人员的培养规划与管理、幼教事业的发展规划与计划管理、幼教机构与分布管理等。幼儿园园长应更侧重于幼儿园内部管理，对幼儿园的各方面资源进行统筹协调，以发挥其最大的效益。当然，园长也应该关注幼儿园工作的教育行政管理，了解教育行政部门对幼儿园管理的政策、规划及发展目标，从而确定幼儿园的发展方向。

（二）学习和研究幼儿园管理的意义

为管理好一所幼儿园而努力是每个幼儿教育工作者应尽的职责。因此，初步掌握幼儿园管理知识是幼儿教育工作者应具备的基本素质之一。学前教育专业的毕业生走上工作岗位后，将在幼儿园的各个层次上参与管理活动，部分学生甚至将随着自身成长和工作需要走上领导岗位。因而，学习和研究幼儿园管理知识将为学生的职业后续发展奠定良好的基础。

1. 学习和研究幼儿园管理是幼教事业发展的客观需要

随着经济的发展和人民生活水平的不断提高，我国幼教事业也得到了蓬勃发展。幼教事业从城市走向农村，从数量扩大转向教育质量的提高，各种形式的幼教机构日益增多，规模、受益范围等不断扩大。幼儿园管理作为幼教事业发展的关键环节，必须适应经济体制改革的需求，进行办园体制与园所管理体制的改革，探索多样化管理方式，提高管理水平，这是事业发展的客观需求。因此，必须努力探索规律，加强对幼教管理问题的学习和研究。

2. 学习和研究幼儿园管理是改革幼儿教育，全面提高教育质量的需要

科教兴国是我国的基本国策，而教育改革是一个系统的工程。要搞好幼儿教育，为幼儿奠定良好的发展基础，就必须认真研究影响幼教质量的各方面因素，正确认识并处理好各方面工作及内外环境的相互关系，通过科学管理，改进和提高教育质量，推动幼教事业的健康发展。

3. 学习和研究幼儿园管理是探索规律，发展学前教育管理理论的需要

自新中国成立以来，我国的幼教事业得到了重大发展，幼儿园管理经验也日渐丰富，但其系统化、概念化和理论化程度还不够，学科仍处于初创阶段。因此，我们必须坚持以马克思主义基本原理为指导，以科学的态度认真研究，探索提高教育质量和办园效益的客观规律。以我国学前教育管理实践为出发点和中心，深入总结经验和教训，同时结合实际，对国外相关管理方法及传统管理思想的精华有选择地借鉴、吸收和消化，使之为我所用。

4. 学习和研究幼儿园管理是提高人才素质和管理水平的需要

幼儿园管理水平直接关系到幼儿教育的质量和效益。园所的管理者、领导者是幼儿园工作的核心。当前，有一大批有知识、有理想的青年教师或教学骨干正在走向园所管理和领导岗位，因此要通过学习和研究幼儿园管理问题，深刻认识我国幼教的性质、特点，了解掌握有关管理的理论和方法，全面提高其素质和能力，真正成为园所管理的内行。只有这样，才能全面贯彻党的教育方针，不断提高保教质量和管理效益，培养出更多更好的合格人才。

二、幼儿园管理的理念与基本形式

（一）幼儿园管理的理念

管理理念是管理在理性方面的概念，是对管理的进一步认识。它一般包括团队道德标准、基于事实的决策、人文环境、管理考核方式、竞争力五个方面，是团队或组织的观点、信念和价值的集中体现。幼儿园的管理理念通过办园宗旨、办园理念、园训、教风、学风、管理方式、办园特色来体现，主要是对幼儿学习方式，幼儿园和家长价值观、幼儿园的教育和功能三个方面的思考。

（二）幼儿园管理的基本形式

我国要求幼儿园均须依法执行学前教育机构登记注册制度，但因举办的性质不同，幼儿园的办园性质有所差异。按所有制方式大致可以分为公办、集体、股份、私立、合作这五种类型。此外，幼儿园办园形式按照时间也可分为全日制、半日制、定时制、季节制和寄宿制等。上述形式可分别设置，也可混合设置。

三、幼儿园管理的任务和内容

（一）幼儿园管理的任务

幼儿园管理工作内容主要包括两大部分，即保教前勤工作与总务后勤工作。幼儿园工作最终以实现育人目的为己任，需要把各种育人之事——人、财、物、事以及时间、空间和手段等诸要素的综合——全面地管理起来。

幼儿园管理的任务就在于通过计划、组织、指挥、协调、控制等管理职能合理地组织利用幼儿园建设与事业发展的各种教育资源，确保保教质量的提高，较好地实现预期的教育培养目标，完成服务家长的双重任务。管理的意义或价值就在于优质高效地达到组织的目标，具体到幼儿园的工作目标或任务上就是教育好儿童，服务好家长。

（二）幼儿园管理的内容

幼儿园管理的内容，按照幼儿教育的任务、内容、工作范围和工作规律，主要包括目标管理、计划管理、教养业务管理、幼教科研管理、行政事务工作管理、规章制度管理、工作质量管理、保教队伍管理和园长自身建设以及幼儿园工作评价等。这些内容既相对独立地存在，又相互联系、相互作用、相互制约、相互融合，有机地构成幼儿园管理系统。幼儿园的教育质量和管理质量就存在于这个集合体的有机结合之中，所以必须实行"动态管理"。

四、幼儿园管理的原则和方法

（一）幼儿园管理的原则

幼儿园管理原则是反映幼儿园管理活动的本质和运动规律，要求全员必须遵守的管理行为准则。它既受管理的一般原理和原则制约，又反映出幼儿园管理实践的特殊性质，是现代幼儿园管理的科学指导思想的具体体现。幼儿园管理主要应遵循的原则包括方向性原则、整体性原则、民主管理原则、有效性原则和社会协调性原则等。

1. 方向性原则

方向性原则要求举办幼儿园要以社会效益为根本，要以满足社会需要作为根本的出发点，因此，方向性原则也是办教育的政治思想党性原则。幼儿园管理工作必须坚持正确的办园方向。幼儿园管理者要树立全局的观点，使幼儿园管理与教育工作服从并服务于社会主义建设这个总的目标。

我国是社会主义国家，现在处于并将长期处于社会主义初级阶段，这是我国现阶段的国情。我国的幼儿教育、幼儿园性质以及幼儿园任务要体现这一点，即在培养人才的规格和各项工作的要求标准等方面也要反映出社会主义性质。我们的办学方向是为社会主义建设培育新人，促进教育对象德、智、体、美全方面发展，培养全面发展的人才，保证当地教育方针政策的贯彻实施。

2. 整体性原则

整体性原则是指在管理上要从实现整体目标出发，全面规划，统一指挥，合理组织幼儿园各个部门、各种因素、各个层次的力量，充分发挥整体效能。

幼教机构是一个系统、一个整体，是由相互作用和相互依赖的各个部分结合而成的有机整体。幼儿园的性质、任务决定了保教工作是各项工作的中心，幼儿园管理一定要以保教为主。幼儿园工作不同于普通的学校教育，有其特有的规律，因而要依据教育对象，即幼儿本身的特点，通过保教结合来实现育人目的和服务家长的社会功能。幼儿园管理内容及其要素一方面具有多样性、层次性、综合性；另一方面又具有相互依存、相互作用、有机结合的整体性。

3. 民主管理原则

民主管理原则是指在幼儿园管理中，要处理好完成工作任务和关心人的关系，同时要处理好管理者、领导者与管理对象的关系，调动全园各类人员的积极性，发挥管理的激励机制，以较好地实现幼儿园的任务目标。这不仅要求幼儿园管理者要有积极性，而且还要全力调动和发挥各类人员的积极性。

在管理各要素中，人员是管理的手段与内容，居于核心地位，故现代管理强调"以人为本"的思想。幼儿园管理工作的民主性原则，是由我国社会主义制度决定的，是我们党的群众路线和民主集中制原则在幼儿园管理工作中的体现，反映了人民群众是历史的创造者的客观规律，可以指导我们正确处理园所中领导与群众、集中与民主、组织与个人之间的关系。

4. 有效性原则

有效性原则是指幼儿园管理要在正确的目标指导下，通过科学管理，合理组织园所人力、物力、财力等资源，充分挖掘潜力、讲究经营，高质量、高效益地实现培养目标，完成幼儿园的双重任务。

要讲究管理工作效益，就要注意研究人力、物力等的投入或劳动耗费带来了多大的效用、功能，即管理工作完成目标和任务的效率，或管理活动的整个效果如何。办幼儿园无疑也有效益问题，不仅有社会效益，也涉及经济效益，要计算投入与产出的关系。幼儿园管理者应通过合理组织，有效运用有限的人力、物力等资源，提高管理的功能效益，较好地实现组织的目标、任务——提高保教质量，促进更多幼儿体、智、德、美等各方面素质全面和谐发展，提高育人的数量和质量。

5. 社会协调性原则

幼儿园管理协调性原则，是指园所管理要注重与社会的联系，通过内外协调，充分利用有利条件，尽力排除不利因素，在幼儿园内外各因素的相互作用与影响下，不断提高保教工作的质量和管理水平。

（二）幼儿园管理的方法

幼儿园管理方法是实现幼儿园管理目标、开展管理活动所采用的各种手段、措施和途径等的总和。幼儿园管理方法受一定的管理思想和管理原则的指导，并与园所各项管理工作的内容相适应。幼儿园领导认真研究和正确运用管理方法，对于提高园所管理成效，实现管理目标，具有十分重要的意义。

1. 经济方法

幼儿园管理的经济方法，是指园所管理者运用各种经济手段，调动教职工的积极性，对教职工的行动进行管理的方法。具体来讲，它是根据教职工的工作表现和实际成绩以及按劳分配的原则，运用工资、福利、奖金、罚款等经济手段，组织调节和影响教职工的行动，以提高园所管理的效率，促进园所管理目标的实现。

首先，经济方法的最大作用是把人们的个人利益与他们的工作业绩以及幼儿园整体效益直接联系起来，使教职工看到自身工作的利益所在，有利于激发他们的工作积极性。其次，这种方法有利于消除平均主义、吃"大锅饭"的弊端，促进园所内部各部门员工之间的有效竞争，从而有利于园所工作目标的实现。实践证明，经济方法在园所管理中的运用是一种客观要求，它是调动广大教职工的积极性、提高园所管理成效的一种有效方法。

2. 行政方法

行政方法是指幼儿园管理者依靠各级组织机构及其赋予的权力，通过发布行政指令的方式，直接对教职员工产生影响的管理手段。按照行政方法，园所中的各级各类组织及其人员的职责和权力范围是有严格规定的，各级之间的关系是明确的。行政方法的核心是各级组织及其管理者一定要有职、有责、有权、有能力。如果职责与权力脱节，职务与能力脱节，就会影响行政方法的有效性。可见，行政方法意味着上级对下级有指挥和控制的权力，下级对上级有服从的责任和义务。

3. 思想政治教育方法

幼儿园管理的思想教育方法是指用马列主义、毛泽东思想和邓小平理论，以及"三个代表"重要思想、科学发展观，用共产主义理想道德，正确的人生观、价值观，教育、动员教职工，以提高他们的思想政治觉悟和贯彻党的教育方针和政策的自觉性，培养他们良好的职业道德和高尚的情操，从而保证幼儿园各项工作任务顺利完成的方法。

幼儿园管理的核心是对人的管理。在同样的条件下，人的思想状况不同，工作成绩大小是不一样的。思想政治教育方法的实质正是通过提高或改变教职工的精神面貌，调动他们的积极性，提高他们的工作效率和质量。我们在幼儿日常工作中可以看到，人的思想素质不同，工作的效果和质量也不同。成千上万优秀的保教人员以他们的亲身实践更加证明了这一点。坚定的信念、崇高的理想、良好的思想道德品质、高尚的情操成为他们献身幼教事业并不断做出贡献的强大精神动力。因此，加强对教职工的思想政治教育工作是幼儿园管理的客观要求。

4. 法律方法

幼儿园管理的法律方法是指园所管理人员通过对国家制定的各种教育的法律、法令、法规、条例和教育方针政策的运用，对园所工作进行管理的方法。

近十几年来，我国加快了教育法制建设的步伐，先后颁布了《中华人民共和国义务教育法》《中华人民共和国教师法》《中华人民共和国教育法》等一批教育法律文件。在幼教法规建设上也取得了可喜成绩，20世纪90年代以来，原国家教委颁发了《幼儿园工作规程》《幼儿园管理条例》两个重要的法规文件，这对促进新时期我国幼教事业健康发展起到了重要的保障作用，同时也为幼儿园管理人员依法办园、依法治园提供了重要的法规依据。

在社会主义市场经济条件下，幼儿园打破了原有封闭式的办园模式，成为面向社会自主办园的独立实体。这就使幼儿园与社会多方面的联系更加密切了，涉及的法律关系也更多、更复杂了。因此，园长作为国家委托对幼儿园全面负责的法人代表，首先，要树立很强的法律意识，成为国家法律的忠诚执行者，保证幼儿园的办园方向；其次，要善于运用法律方法维护和保障园所以及教职工和幼儿的合法权益；最后，要善于运用法律方法对园所内部进行管理，如对教师因失职造成幼儿严重伤残的事件，对保教人员辱骂、殴打儿童的行为等，都需要运用法律手段来有效地加以解决。

以上介绍了我国幼儿园管理工作中最常用的几种基本方法。在现实管理工作中，各种管理方法是相互联系、相互依存、共同起作用的，任何一种管理方法的作用和效果都是有限的，而多种方法综合运用，则可以相互取长补短。因此，我们要整体地、综合地、优化地看待和运用这些方法，使其在管理中发挥更大的作用。

五、幼儿园及早教机构的申报条件

（一）申办民办幼儿园的基本条件

（1）申请举办民办幼儿园的社会组织，应当具有法人资格。举办民办幼儿园的个人，应当具有政治权利和完全民事行为能力。申请举办幼儿园，应向所在区、县教育主管部门提供办园申请书、举办者的身份证明、办园的可行性报告、办园资金的验资证明、场地使用证明、办园方案、幼儿园章程等书面材料。幼儿园章程应当表明举办者的姓名或名称，举办者的权利和义务，举办者的出资方式和出资金额，幼儿园的机构设置及其产生办法、权限、议事规则，幼儿园法定代表人，幼儿园解散事由与清算办法等事项。

（2）基本办学规模不大于360人，办学条件要达到一定标准。园舍场地和设施符合建设部门、教育部门所规定的标准；有独立的财务机构，独立的银行账户；有足够的办园资金和维持日常教育所需的资金来源；有正常师资来源渠道和符合教育行政部门规定要求的师资队伍；有符合教育行政部门规定的幼教专业管理人员主持幼儿园日常管理工作；有明确的办园方案，办园方案包括办园目标、原则和幼儿园类型，招收对象和范围，师资队伍和符合国家规定的教育课程和教材等；有幼儿园名称，幼儿园名称应体现民族化、儿童化的特点，名称中不得带有与办园实际不符的或易产生误导的词语。

（3）有稳定可靠的经费来源，办学启动资金不少于10万（包括教学设施和教学仪器设备等），注册资金10万元以上，并提供具有法律效力的资信证明。

（4）区、县教育主管部门对符合上述条件的，给予办园登记；对不符合条件的，不予登记，并向申办者书面阐明。登记内容应包括幼儿园名称、幼儿园法人代表、幼儿园地址、幼儿园投资资金数额、招生对象和范围、办园规模、教职工人数。经登记的，应按登记部门所确定的筹建期限进行幼儿园的筹备工作，筹建期限根据筹建的实际需要确定。逾期不建成或人为拖建的，则由原登记部门撤销登记。

（5）幼儿园筹备结束，须经区、县教育主管部门验收合格，方由原登记部门签发办园许可证。幼儿园主办者凭办园许可证向区、县物价局申请收费许可证，并由物价局确定收费项目和收费标准，然后才可公开向社会招生。

（6）区、县教育主管部门自幼儿园登记之日起30日内，将幼儿园申办及登记材料报本市教育委员会主管部门备案。如有关事项与法律、法规、规定相抵触的，或幼儿园的名称与其他托幼机构发生重复的，由市教委主管部门责成区、县教育主管部门对相应事项予以纠正或更改。

（7）幼儿园变更时，申办者应向原登记管理机关办理变更登记。幼儿园因故决定终止举办幼儿园时，应向原登记管理机关提出停办申请，并同时提交资产清理方案。经核准后，由区、县教育主管部门监督实施，并由登记管理机关收回办园许可证及其副本、收费许可证、幼儿园公章，注销登记并通知其开户银行。

（8）幼儿园经批准使用的属公建配套或其他政府所规定的托幼专用的园舍场地，如需进行较大规模拆建的，应征得原托幼用房管理部门的同意。

（9）幼儿园通过本市新闻媒介播放或刊登公告的，应经区、县教育部门审核。在全国性新闻媒介播放或刊登公告的，应经市教育部门审核。

（10）区、县教育主管部门应根据《××市幼儿园分等定级评分标准》定期对幼儿园进行全面评估，根据评估结果确定幼儿园的办园等级，并出具书面通知，幼儿园根据教育部门出具的书面通知，到物价部门办理收费标准变更手续。

（二）民办幼儿园申报程序

（1）申请人向拟建幼儿园所在街道办事处（或镇政府）提出书面申请，提供相关资料，由街道办事处（或镇政府）对拟办幼儿园（班）进行办园基本条件初审，写出初审意见并盖章。

（2）申请人将签署初审意见后的书面申请和申报材料提交区教委。申报材料包括：

① 申办报告，内容包括：举办者、培养目标、办园规模、办园层次、办园形式、办园条件、内部管理体制、经费筹措与使用等。
② 举办者的姓名、住址或者名称、地址。
个人举办的提供身份证件、个人简历、资格证件；国家机构以外的社会组织举办的，应提供具有法人资格的证明文件（社会团体登记证等），并提供拟任民办幼儿园法人代表的身份证复印件、个人简历及资格证件。
③ 幼儿园资产的数额、来源、性质等及有效证明文件，并载明产权。
④ 属捐赠性质的校产须提交捐赠协议，载明捐赠人的姓名、所捐资产的数额、用途和管理方法及相关有效证明文件。
⑤ 民办幼儿园组织机构，拟任园长、主要行政负责人、专职教师、拟聘兼职教师名单及资格证明文件。
⑥ 经验资机构出具的办园开办费用验资报告、办园经费的来源渠道证明文件。
⑦ 民办幼儿园发展规划。
⑧ 办园场地证明文件，包括土地使用、园舍使用有效证明文件，租赁园舍的须提供具有法律效力的租赁协议，且租期不少于5年。

（3）考察。区教委联同区卫生局和区消防支队等相关部门对申报程序符合规定、申报材料齐备、基本办学条件达到要求的，组织专家进行实地考察。

（4）发证。已审批同意举办的民办幼儿园，由区教委颁发有关证件。

（三）早教机构申办条件

举办者需了解主要法律、法规、政策依据：《中华人民共和国民办教育促进法》《中华人民共和国民办教育促进法实施条例》《××市实施〈中华人民共和国民办教育促进法〉〈中华人民共和国民办教育促进法实施条例〉若干问题的暂行规定》《××市教育委员会、××市卫生局、××市民政局关于印发〈××市民办早期教育服务机构管理规定〉的通知》。

举办者根据法律、法规、政策规定筹备，向拟办早期教育服务机构所在地所属教育署咨询。

（1）申请筹设民办早期教育服务机构准备事项及材料。
① 向×区社团登记管理部门申请核准早期教育服务机构名称。
② 办理办学资金（不少于××万元）验资证明。
③ 准备需提交的材料（按"举办民办早期教育服务机构需提交材料"要求准备）。

（2）举办者申请正式设立民办早期教育服务机构准备事项及材料。
准备需提交的材料（按"举办民办早期教育服务机构需提交材料"要求准备，并一式四份装订成册）。

（3）具备办学条件、达到设置标准的，举办者可直接申请正式设立民办早期教育服务机构。
① 向×区社团登记管理部门申请核准早期教育服务机构名称。
② 办理办学资金（不少于××万元）验资证明。
③ 准备需提交的材料（按"举办民办早期教育服务机构需提交材料"要求准备）。

举办民办早期教育服务机构需提交的材料如下（见表1）：

表1 举办民办早期教育服务机构提交材料

序号	申办阶段	材料名称	材料应当包括的内容	备注
1	申请筹设阶段	申办报告	举办者、培养目标、办学规模、办学层次、办学形式、办学条件、内部管理体制、经费筹措与管理使用等	需提供原件及复印件
2		举办者资质	社会组织举办：法人资格证明文件（企业法人营业执照或事业法人证书或社团法人证书），法人代码证书（含磁卡），举办者账户资金资信证明 公民个人举办：身份证、户口簿，所在街道或单位证明，个人资产证明；外省市户籍公民还须提供××居住证明 举办者如由多方组成，还应提供联合举办协议，确定主办方	
3		办学资金	办学资金验资报告或银行证明；属捐赠性质的校产须提交捐赠协议，载明捐赠人的姓名、所捐资产的数额、用途和管理方法及相关证明文件	
4		办学场地	有合法的产权证明或具有法律效力的租赁期限2年以上的租赁协议（或合同）及出租方产权证明；非学校校舍提供消防等部门的安全合格证明；办学场所平面图	
5		拟办教育服务机构名称核准通知书		
6	申请正式设立阶段	筹设批准书		
7		筹设情况报告		
8		申报表	《××区民办早期教养服务机构申报登记表》	
9		早期教育服务机构章程	章程应当包括以下主要事项：早教机构名称、地址、办学宗旨、规模、层次、形式等；早教机构资产的数额、来源、性质等；理事会或董事会等决策机构产生方法、人员构成、任期、议事规则等；早教机构的法定代表人；出资人是否要求合理回报；早教机构自行终止的事由；章程修改程序等	
10		办公教学设施	已置和拟置办公、教学和其他设施清单（名称、数量、价值）	
11		决策机构	决策机构组成，决策机构章程，决策机构人员证明文件（身份证、学历证书、职称证书、任职意向等），推选决策机构主要负责人决议等	
12		机构负责人	负责人身份证、学历证书、职称证书、教师资格证或育婴师职业资格证书、从事学前教育三年以上经历的证明、任职意向书等	
13		早教指导人员	指导人员名单及个人身份证、学历证书、育婴师职业资格证书、幼儿园教师资格证书、职称证书、任职意向书等	
14		保健财会人员	指导人员名单及个人身份证、学历证书、上岗证、任职意向书等	
15		管理人员	管理人员名单及个人身份证、学历证书、相关上岗证、任职意向书等	
16		管理制度	行政、教学、财务和档案等内部管理制度，以及所设各岗位职责	
17		早期教养方案和指导方案		

任务四　申办幼儿园的基本条件

【任务描述】

随着经济的发展和社会的进步,人们对教育日益重视。学前教育作为教育的基础,受到了更广泛的关注。合理管理组织的前提是科学地建立组织。作为学前教育机构的管理者,应在充分理解国家及地方法律法规的基础上,实现对本组织机构的总体规划和思考。

因此,本章的学习任务为:模拟向当地政府申请举办学前教育机构。

情境一:申办幼儿园。

情境二:申办早教机构。

申办学前教育机构一般需要经历四个过程:第一步,向教育行政部门提出办园申请筹建;第二步,评估机构进行筹建资质评估;第三步,获批注,进行筹建,完后提出设园申请;第四步,再估条件,被批准正式设立的颁发办园许可证。申办幼儿园所需的材料较多[1],本项目仅要求完成申请报告。

【任务模板】

×××幼儿园/幼教机构的申请报告[2]

××××市教育局:

随着我市人口的增长……为使当地幼儿得到学龄前的系统教育,我单位(个人)拟申办×××幼儿园。[3]现将×××幼儿园的具体情况报告如下:

一、举办者(单位名称或个人姓名):

二、幼儿园基本情况:

1. 名　　称:×××幼儿园

2. 详细地址:_____市_____区_____街_____号。[4]

3. 所有制性质:[5]

4. 规模:

建筑面积×平方米;占地面积×平方米;户外活动场地面积×平方米。[6]

班型及班数:学前班×个,大班×个,中班×个,小班×个,托班×个。合计×个班。

儿童数:学前班_____人,大班_____人,中班_____人,小班_____人,托班_____人。合计_____人。[7]

5. 办园形式:[8]

三、办园宗旨:[9]

四、教育内容:以《幼儿园工作规程》《幼儿园教育指导纲要(试行)》和《3~6岁儿童学习与发展指南》为指导,以"五大领域"教育内容为主体,另设置_____(特长教育内容的名称),以满足幼儿需求,促进幼儿全面发展。

五、师资来源:通过何种渠道选聘具有教师资格及具有何种教育特长的专业人员任教。

六、筹建幼儿园的启动资金来源及金额：资金来源为：_____（单位投资、自筹资金、贷款、入股等），金额为_____万元。

【指导要点】

[1] 申办幼儿园需向教育部门提供以下材料：① 登记注册申请；② 拟开办幼儿园的章程和规定；③ 开办者的资格证明；④ 拟任园长和拟聘教师及工作人员的资格证明；⑤ 拟办幼儿园的场地证明；⑥ 拟办幼儿园的资产及经费来源的证明；⑦ 卫生行政部门核发的卫生保健合格证明；⑧ 法律、法规规定应当提交的其他材料。教育局审核申请书和筹建情况，颁发批准书。可参考各地方省市关于幼儿园建设的文件，例如《四川省幼儿园办园基本要求（试行）》。

[2] 幼儿园名称中不得带有与实际不符或者易产生误导作用的词语，确定幼儿园的名称是牢固树立人文管理理念的关键。命名方式有：地域命名、行业命名、教育理念命名、名人命名、卡通形象命名、寓意命名、英译命名等。由名称提炼园训、设计园徽等。

[3] 申办理由要充足，可以体现个人特色。

[4] 幼儿园选址是市场调研的结果，要充分了解选址周边楼盘的入住率和居住人群的收入情况；了解周边幼儿园设置和水平；了解周边自然环境的规划和交通；了解园所的内部环境情况等。

[5] 公办、集体、股份、私立、合作。

[6] 建筑规模（建筑面积）亦称建筑展开面积，它是指住宅建筑外墙外围线测定的各层平面面积之和。而占地面积是指项目取得的土地使用证上所载面积指标。生均建筑面积不低于14平方米，户外场地面积不低于2平方米/生。应当按照国家的相关规定设活动室、卫生间、保健室、综合活动室、厨房和办公用房等，并达到相应标准。有条件的幼儿园应当优先扩大活动室、走廊等幼儿游戏和活动空间。

[7] 幼儿园规模应当有利于幼儿身心健康，便于管理，一般不超过360人。幼儿园每班幼儿人数一般为：小班（3周岁至4周岁）25人，中班（4周岁至5周岁）30人，大班（5周岁至6周岁）35人，混合班30人。寄宿制幼儿园每班幼儿人数酌减。

[8] 全日制、寄宿制、半日制或计时制等。

[9] 办园宗旨是幼儿园综合了本园的教育资源、教育环境、教育哲学、教育对象特点而提炼出的具有一定指向性的幼儿园主张，是幼儿园办园的出发点和最终目标。

项目二 幼儿园人力资源管理

任务一 幼儿园机制混乱案例

【案 例】

刘老师，某幼儿园小班的一位带班老师，由于性格较外向，业务精通，因此经常为幼儿园的工作提出建议和策略。但是，王老师的表达方式比较直接，而且一些细节问题考虑不周到，因此给别的老师造成的印象是：大大咧咧、组织纪律性差。久而久之，这种看法也影响到了王老师本人的积极性。最近她无精打采，沉默不语，不接受领导的工作安排，不参加学校组织的任何活动，使得该班主班教师及其他教师对她很不满。同时，上周开职评会时，部分老师不同意园长方案，刘老师想说出不同意的理由，但被保教主任强制制止了，怕她的话有错误导向。刘老师觉得很委屈，与保教主任吵了起来。她认为园长霸道、专横，工作没有人情味，不讲民主，因此，开始对抗保教主任的工作安排，在园内影响较大。

园长立即找刘老师谈话，但是并没有给她处分，而是帮助其对过去工作中的优点和缺点进行梳理，同时表明将加强与她的接触。经过一段时间的观察，园长发现刘老师存在一些优势：爱学习、爱反思问题。凡幼儿园有外出学习的机会，刘老师都是无条件地、积极认真地参与，而且学习回来后还主动将她学到的东西与园长讨论一番，并有自己的见解。园长觉得刘老师并非像她表面上表现出来的那样大大咧咧，在教育问题上是十分仔细认真的。园长经过深思熟虑后，再次和她恳谈，帮她报了一个人际交往的培训班，同时给她安排了一个较为宽松但需创新思考的工作环境，让其负责幼儿园角色游戏的开展工作。刘老师愉快地接受了这一任务。事实证明，园长的决定是正确的。刘老师的角色游戏工作开展得有声有色，成为园内外观摩活动中必不可少的一部分。

【原因解析】

一、人才安排不对岗

小班是对入园幼儿进行一日常规教育的重要形式，因此要求小班教师细心、保育能力强、规则意识明确。但是，刘老师个性外向，大大咧咧，因此可能不太适合自己小班的带班工作。但是，刘老师勤于思考问题，因此创新工作更适合她。另外，每个人都有优缺点，不能对一个人进行简单的评价和定位，而要帮助其扬长避短。

二、管理方式不合适

从案例来分析，矛盾的根本问题就是领导与被领导者的关系问题。保教主任的管理方式比较粗暴，强制行使领导职权，缺乏管理技巧，导致刘老师产生消极、对立的心理与行为。

幼儿园的管理工作本身就是做人的工作，只有做好人的工作，园长才能发挥领导职能，调动教职工工作的积极性。在管理中，如果采取严格监督制裁的管理方式，是消极的办法，不能激励教职工的积极性。

三、园所团队氛围待加强

案例中，刘老师对幼教事业有热忱，积极争取外出学习的机会，以充实自己的专业理论知识。由此我们可以看出，刘老师并非像其他教师反映的那样缺乏工作积极性，只是因为她本人性格较外向，留给别人的印象似乎是大大咧咧、松松散散，因而招来别的教师的非议。在这样一种存在消极人际关系的工作环境中，刘老师感到委屈也在所难免，感到自己的工作没有得到大家的认可。

四、管理在于激活人员

园长在处理此事时，并没有直接批评刘老师，也没有任其发展。因为园长认识到犯了错误的人更需要理解、劝导，更需要有人指明方向，所以园长采取了加强了解、接触的办法。在与刘老师的接触中，园长发现了刘老师爱学习的优点，结合刘老师自身的性格特点，为刘老师创设了施展才华的机会——开展角色游戏活动，重新调动了刘老师的工作积极性。

由此案例我们可以看出：作为幼儿园园长，在日常工作中，对有错误、有缺点的员工，不要总是抓住她的缺点不放，要善于发现人，敢于用人，为工作人员创造条件，使每个人都有机会发挥自己的才干和特长。只有这样，才能激发职工的内在动力，调动他们的积极性、主动性，从而使幼儿园的管理更为有效。知人善用是幼儿园园长激发员工积极性、提高管理绩效的法宝。

【任务反思】

1. 幼儿园人力资源管理包括哪些内容？
2. 幼儿园中组织机构如何发挥作用？
3. 幼儿园的人员选拔、培训和管理需要注意哪些问题？
4. 幼儿园的绩效管理是如何实行的？

任务二　幼儿园的人力资源管理

人力资源管理，是指运用现代化的科学方法，对与一定物力相结合的人力进行合理的培训、组织和调配，使人力、物力经常保持最佳比例，同时对人的思想、心理和行为进行恰当的诱导、控制和协调，充分发挥人的主观能动性，使人尽其才、事得其人、人事相宜，以实现组织目标。人力管理资源建设主要包括组织机构、招聘体系、培训体系、薪酬绩效考核、员工管理。

人是管理的核心要素，也是管理过程中最活跃、最积极的因素，包括幼儿园的管理者和被管理者。管理者要让每一个人做到人尽其才，就要根据个体特点和岗位职责，实现三个环节的管理，即选拔、培养和激励。其中，人的选用是基础，人的培养是核心，人的激励是关键。

一、组织机构的建设

组织机构建设是指围绕组织发展目标,对其机构和制度的架设,包括:确定组织的架构,设立三层管理制架构图;定岗、定编、定员管理,对各部门设定岗位名称,明确各岗位人数编制和岗位任职条件等。

(一)幼儿园组织机构的基本概念

幼教组织机构,是指为达到一定的育人目标而共同活动的人群集合体。幼儿园组织机构的设置,是指在一定的环境条件下,按一定形式与层次组成的机构体系,形成有机结合的活动功能系统。它既能维系这种人群集合体的内部关系,又与外部特定机构与社会系统相联系。幼儿园组织机构设置就是通过建立适宜的机构及活动规则,确定领导关系和职权分工,将幼儿园所拥有的人力、物力等组织起来,较好地实现幼儿园的任务目标。

(二)幼儿园组织机构的设置依据

1. 国家和教育行政部门的有关规定

幼教机构是社会大系统中的一个子系统。在设置幼教机构时,必须明确幼教组织与社会系统的关系。国家和教育行政部门通过法律和行政法规等管理和调控各类教育机构。因此,幼儿园机构的设置必须参照国家和地方及其教育职能部门有关文件的内容与精神,将其作为幼儿园建设的根本依据。

例如,教育部1989年颁布的《幼儿园管理条例》规定了举办幼儿园的基本条件、审批程序,以及幼儿园的行政事务。《幼儿园工作规程》(教育部,2015)中,对幼儿园的招生、编班提出了基本要求。此外,近年来各省先后颁布了地区性幼儿园办园标准,办园标准是举办、审批和年审各级各类幼儿园的底线要求,也是各级教育部门评估幼儿园保育教育质量的重要依据。

主办单位是幼儿园的行政领导。我国城镇相当一部分幼教机构为企事业部门所举办,幼儿园机构设置还应遵循主办单位即上级行政部门的要求。幼儿园组织机构要接受上级部门的领导,明确上下层级的职权范围和相互关系。

2. 幼儿园自身实际

幼儿园组织建设还要考虑园所内部环境和工作需要。例如,要从园所规模大小、服务时间长短等组织任务目标情况来确定机构的设置,同时还要从幼儿园所处环境位置、自然地理条件以及园所拥有的物质、资金、人员状况等方面的具体条件出发,考虑机构的设置与建设。幼儿园人员配备与编制一般涉及以下因素:

(1)招收幼儿年龄、幼儿名额及班级数,幼儿园规模大小。

(2)幼儿园服务的内容及时间。例如,全日制与寄宿制幼儿园的人员配备有所不同;有的园所仅为半日活动,因此在人员配备上又有不同;在提供餐点等服务方面各园也有不同,因而所需人员各异。

(3)机构性质。如属于独立单位或附属单位,二者所需人员有所不同。当前有相当数量的学前班附设在小学校内,人员需求与编制要由小学统一考虑和安排。

（4）任务情况。一般性幼儿园与示范性或实验性幼儿园通常在人员需求方面是不同的。

总之，幼儿园组织机构的设置和建立要能最大限度地发挥人力资源的作用，提高组织的效能。为此，要根据幼儿园担负的任务目标，精兵简政，要从实际出发，因园制宜。幼儿园还要随社会生活条件的变化和社会对幼儿教育需要与要求的不同情况，对组织机构做出相应调整，使之趋于完善。

（三）幼儿园组织机构的设置层次

1. 幼儿园组织机构的管理层次

（1）幼儿园管理的高层为指挥决策层。园长为幼儿园行政负责人，是最高的行政领导者、指挥者。按照幼儿园编制标准，三个班以下的幼儿园设一位园长，四个班以上的幼儿园，设一正一副两个园长；十个班以上的，或寄宿制的幼儿园设一正两副三个园长。

（2）幼儿园管理的中层为执行管理层。管理者是各个职能部门的负责人，即各部门主任。他们接受园长的领导，同时负责管理本部门教职工和组织本部门的工作，如教研主任、保育主任等。

（3）幼儿园管理的基层为具体的工作层。各班级或班组室等职能部门，如大班组、中班组、膳食组、财务组等是具体工作层。不同类型、不同规模的幼儿园，在机构设置、职能部门划分及人员配备上有所不同。如保健组可归总务部，也可设保健部。

2. 不同类型幼儿园的组织机构设置

（1）大型（10个班级左右）幼儿园组织系统（见图2-1）。

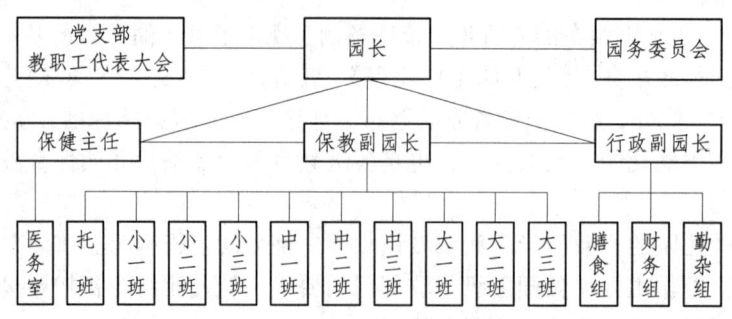

图2-1 大型幼儿园组织系统图

（2）中型（6个班级左右）幼儿园组织系统（见图2-2、图2-3）。

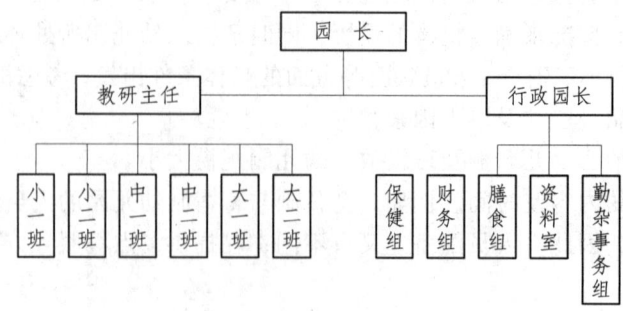

图2-2 中型幼儿园组织系统图（一）

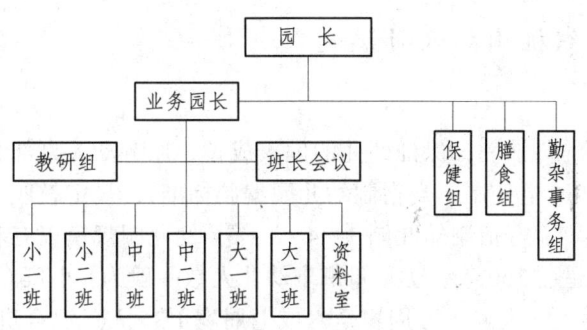

图 2-3 中型幼儿园组织系统图（二）

（3）小型（3个班级左右）幼儿园组织系统（见图2-4）。

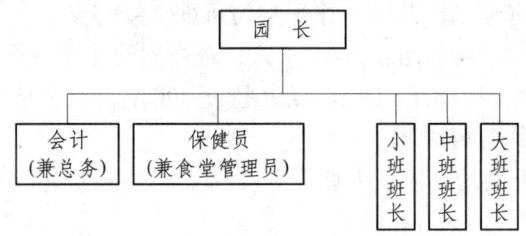

图 2-4 小型幼儿园组织系统图

3. 幼儿园组织机构设置的注意事项

幼儿园组织机构的设置要有利于园所管理职能作用的发挥。因此，需注意以下几点：

（1）建立健全行政组织体系，行使管理职能。幼儿园行政机构是行使管理职能的组织保证。园所行政组织要合理，层次要适宜，各部门工作内容要充实，形成运转高效灵活的管理体系，从而为保教工作提供有效的服务。

（2）发挥非行政组织的监督保证与管理助手作用。幼儿园组织机构体系要形成有机联系的功能系统。幼儿园的非行政组织，如党支部、教代会、工会等，既是管理助手，又起着保证、配合、监督和制约作用，是有效的管理活动必不可少的组成部分。这些非行政组织要发挥民主管理、民主监督和信息反馈的作用，为决策者提供参考。

（3）注重人员的选拔与任用。人员的任用与配备是组织建设的一项重要内容。幼儿园在机构设置中，要注意选拔适宜人选担当各部门负责人和班、组长，形成保教与管理的骨干力量。幼儿园在人员任用上，要考虑力量搭配的平衡，要尽可能压缩非教育人员队伍，保证一线保教工作的力量。

（4）选择适合的幼儿园组织系统模式。中、大型幼儿园与小型幼儿园在机构设置、管理层次与职能部门的划分、人员配置方面有所不同；同时，各个园所自身实际条件及人员素质状况等方面在客观上也存在差异，因而在组织体系建立上也是不同的。

（四）幼儿园组织机构的人员编制

1. 编制结构

为提高幼儿园编制的科学性，保证幼儿的健康成长，原劳动人事部和国家教育委员会于1987年3月9日颁布了《全日制、寄宿制幼儿园编制标准》，规定教职工与幼儿的比例是：全日制幼儿园1：6～1：7；寄宿制幼儿园1：4～1：5。幼儿园规模以有利于幼儿身心健康便于管理为原则，一般不超过360人。幼儿园每班幼儿人数一般为：小班（三至四周岁）25人，中班（四至五周岁）30人，大班（五周岁至六或七周岁）35人，混合班30人。

幼儿园主要工作人员的配置比例如下：

园长：全日制幼儿园3个班以下设1人；4个班以上设2人（正副）；10个班以上的寄宿制幼儿园设3人（一正两副）。

专职教师：全日制和寄宿制幼儿园一律平均每班配2～2.5人。

保育员：全日制幼儿园平均每班配0.8～1人，寄宿制幼儿园平均每班配2～2.2人。

医务人员：全日制幼儿园一般配1人，幼儿超过200名的酌情增加；寄宿制幼儿园一般配2人，幼儿超过200名的酌情增加。

财会人员：3个班以上的幼儿园设专职会计1人；出纳视幼儿园规模大小，设专职或兼职1人。

炊事员：每日三餐一点的幼儿园，每40～45名幼儿配1人；少于三餐一点者酌减。

上述专职教师、保育员的配置比例幅度，在具体掌握时，一般以6个班180人为中间数，多于此数者向低比例方向浮动，少于此数者向高比例方向浮动。其他人员，如幼儿园所需的炊事员、门卫、保洁、木工等人员，按实际需要专门配备，不得由上述人员兼任。不足25人的小型幼儿园或单设的幼儿班，按两名教师和1名保育员配备。

示范幼儿园和实验幼儿园的教职工编制由上级编制部门根据实际情况，参照上述标准具体掌握。一般可在总编制内调剂安排。

2. 职岗定位

岗位责任制是幼儿园各项规章制度的核心。岗位责任制可以使工作落实到每个岗位和组织中的每个成员。抓好岗位责任制，其他制度的执行才有保障。幼儿园应注重建立各类人员岗位责任制，如园长职责、保教主任职责、教师职责等。岗位责任制应包括工作任务内容、方法和质量要求，要明确具体，条理清楚，坚持定性与定量结合，要便于执行和检查。岗位责任制的建立和执行有利于实现人人有专责、事事有人管、办事有标准，使幼儿园工作纳入规范科学管理轨道，提高工作效率；同时，也有益于营造人人尽责尽职的良好风气。

此外，各幼儿园根据自身幼儿园的发展可具体设置和调整各岗位的工作职责。

二、招聘体系的建立

合理选人是合理用人的基础，也是人力资源管理的第一步，管理者应当建立科学的行业人员选择标准，采取多种考核手段和方法对人员进行全面的、细致的考察。包括：①建立招聘制度，有明确的用人标准、用人原则和招聘办法；②建立人才储备机制，进行员工内部培养；③人力资源需求计划管理；④面试与录用管理办法等。除此之外，要根据岗位职责确定各岗位人员的任职资格。国家要求将《幼儿园教师专业标准》作为幼儿园教师队伍建设的基本依据，制定幼儿园教师准入标准，严把幼儿园教师入口关；注重教师职业理想与职业道德教育，增强教师育人的责任感与使命感。因此，管理者在选拔幼儿教育岗位工作人员时，应秉承以下原则：

1. 幼儿为本原则

幼儿教育岗位工作人员首先要尊重幼儿的权益和人格，选拔时以品德考核为首，要求富有爱心、责任心、耐心和细心。

2. 任人唯贤原则

在人事选聘方面从实际需要出发，大公无私、实事求是地发现、爱护人才，重视和使用确有真才实学的人。

3. 因事择人原则

员工的选聘应以职位的空缺情况和实际要求为出发点，以职位对人员的实际要求为标准，选拔、录用适合岗位需要的人员。

4. 程序化、规范化原则

员工的选拔必须遵循一定的标准和程序。科学合理地确定组织员工的选拔标准和聘任程序，是组织聘任优秀人才的重要保证。

选拔基本程序：

1. 制订计划

了解各层级岗位工作情况，确定选聘要求，制订人力资源需求计划，通过各种渠道发布招聘信息。

2. 收集资料

根据岗位情况确定基本信息和面试要求，选择招聘人员、地点和时间，做好招聘中的组织宣传工作。收集符合条件的候选名单，初步了解其基本信息。

3. 举行测评

根据岗位差异和需求，选择多种方式进行人员考核。人员素质测评的方式较多，可分为智力测验、个性心理测验、情景模拟测试、工作现场测试、职业成就测试等。通过拟定的程序和招聘标准，客观地做出聘用决定，并办理相关手续。

4. 后期工作

进行体格检查，报上级主管批准。

三、培训体系的建立

员工培训是指一定组织为开展业务及培育人才，采用各种方式对员工进行有目的、有计划的培养和训练的管理活动。公开课、内训等均为常见的培训形式。

1. 培训的类型和方法

员工培训按内容来划分，可以分为两种：员工技能培训和员工素质培训。员工技能培训是针对岗位的需求，对员工进行的岗位能力培训，如保育员技能培训、新老师入岗培训、公开课、展示课、国培、省培等。员工素质培训是对员工素质方面进行提升，主要有心理素质、个人工作态度、工作习惯等的素质培训。

2. 科学管理程序

园长需要从人力资源的管理和教职工队伍建设的角度出发，不断促进其发展。正确分析本园实际，充分掌握本园的人员状况，有效发挥组织的职能作用。一般幼儿园对教职工队伍的管理应遵循以下程序：

（1）规划。在对目前教职工状况和各层人员了解的基础上，制订人员培训和队伍发展规划，明确目标要求和各项措施等。

（2）任用。根据规划，合理安排工作人员，并通过岗位职责和规章制度，不断加强管理，有效地完成各项任务。

（3）培养。建立培训管理制度和员工学分制管理办法，鼓励员工提升个人素质，并实施分级培训和管理。采取多项措施对人员开展业务培训，不断提升教职工的素质和专业能力，为教职工队伍的建设提供机会和条件等。

（4）评价。考核评价是幼儿园人员管理的重要环节，涉及保教人员工作、业务技能、考勤以及业绩等。在考评时，需要因人因岗进行考评，坚持日常与阶段考评相结合，制定考评制度，公开公平考核等。

四、薪酬体系的建立

经济手段是实施幼儿园管理、调动教职工积极性的直接方法，它是根据教职工的工作表现和实际成绩以及按劳分配的原则，运用工资、福利、奖金、罚款等经济手段，组织调节和影响教职工的行动，以提高园所管理效率、实现园所管理目标。它包括建立薪酬制度，工资定调级管理办法、绩效考核管理办法制度。

（一）薪酬管理原则

按照因事设岗、因岗定酬、按劳取酬、多劳多得、奖惩分明的原则设计薪酬制度，并进行月度、年度绩效核算与评估，将绩效核算与评估结果与工资挂钩。

（二）员工收入

员工收入由结构工资、五险一金、其他福利三个部分组成。

（1）结构工资＝岗位工资＋薪级工资＋绩效工资等。

（2）五险一金："五险"指的是五种保险，包括养老保险、医疗保险、失业保险、工伤保险和生育保险；"一金"指的是住房公积金。

（3）其他福利包括补贴（餐饮、住宿、交通、通信等）、加班工资、特殊岗位津贴等。

各幼儿园可以根据实际情况设定符合自身特点的薪酬体系。

（三）绩效考核

幼儿园绩效考核是在分析幼儿园各级岗位工作职责的基础上，根据实际工作任务，对岗位人员进行德、能、勤、绩多个方面的量化考核。在绩效考核过程中，要明确考核的具体内容，描述客观且可操作，并对每项需考核的项目制定考评尺度。考评的尺度一般使用五类标准：极差、较差、一般、良好、优秀，也可建立分值体系。考评方法也可以采用多种形式。采用多种方式进行考评，可以有效地减少考评误差，提高考评的准确度。如表2-1所示，将幼儿园教师的岗位工作细化成条目，然后各项目根据考核制度设置相应分数，最后按月度、年度进行量化考核。

表2-1 幼儿园教师岗位绩效考核表

项目	标准	分值	自评	上级评估
德	热爱学前教育事业，履行教师职业道德规范。富有爱心、责任心、耐心和细心；用真诚的微笑向家长及幼儿传递尊重、信任、关怀的信息			
	关爱幼儿，重视幼儿身心健康，将保护幼儿生命安全放在首位			
	尊重幼儿人格，维护幼儿合法权益，平等对待每一个幼儿。不讽刺、挖苦、歧视幼儿，不体罚或变相体罚幼儿			
	自尊自律，言谈举止为幼儿做表率。衣着得体，不穿奇装异服，工作时间不浓妆艳抹，不戴戒指，不穿高跟鞋，长发不披肩			
	正确对待家长的抱怨，属于自己工作的失误能勇于承担并积极改进			
能	熟知本岗位职责，按照标准化的流程进行工作			
	遵循幼儿身心发展特点和保教活动规律，制订适合本班幼儿年龄特点及发展水平的学期、月、周、日工作目标和计划			
	将游戏作为幼儿的主要活动，重视环境和游戏对幼儿发展的独特作用，创设富有教育意义的环境氛围。合理利用资源，为幼儿提供和制作合适的玩教具和学习材料			
	发挥生活活动的教育功能，帮助幼儿形成良好的一日生活常规意识及良好的行为习惯，培养幼儿的自理能力			
	3S教学中以幼儿为主体，充分调动和发挥幼儿的主动性，注重幼儿三大系统的建构			
	与幼儿共同创设与教育相适应的环境，主题墙饰高度适合幼儿			
	坚持上午、下午各一小时的户外活动，积极组织户外体育活动			
	信任幼儿，尊重个体差异，主动了解和满足有益于幼儿身心发展的不同需求，促进所有幼儿在原有水平上得到提高			
	积极参加教研活动，研究幼儿，遵循幼儿成长规律，提升保教工作专业化水平；坚持实践、反思、再实践、再反思，不断提高专业能力			
	组织好幼儿园举办的各项大型活动，科学安排半日开放活动。熟知幼儿园的安全应急预案，掌握意外事故和危险情况下幼儿安全防护与救助的基本方法			
	利用《家长作业》做好家长工作，挖掘家长这一教育资源并发挥其作用			
	有效运用观察、谈话、家园联系、作品分析等多种方法，客观地、全面地了解和评价幼儿			
绩	幼儿出勤率85%以上			
	家长满意率90%以上			
	在幼儿园举办的活动中取得突出成绩			
	撰写的论文在区、市、省获奖或在各类杂志发表			
勤	坚守岗位，工作时间不干私活、不接私人电话			
	事假			
	病假			
	加班			

来源：http://1043.tuxing2010.com 阳泉市矿区新蕾幼儿园《幼儿园各岗位绩效考核表》。

五、员工管理

幼儿园管理是基于园长负责制的制度化管理体系。

（一）园长负责制

1. 概 念

园长负责制是指幼儿园在上级主管部门的统一领导下，由园长全面负责幼儿园的保教工作管理和行政管理，教职工参与民主管理，非行政组织进行监督的完整的领导体制。

2. 园长的权利和职责

园长在举办者和教育行政部门领导下，依据本园规程负责领导全园工作。园长是幼儿园的法人代表，对内负责全部工作，对外代表幼儿园，承担幼儿园管理的全部责任。园长的职能和职责是一致的，园长拥有幼儿园的最高行政权。园长有权在《幼儿园工作规程》和《幼儿园教育指导纲要（试行）》规定目标的指导下，决定自己幼儿园的具体发展规划和教育目标，并统筹幼儿园的全面工作。园长的决策权、人事权、财务管理权和奖惩权与他所担负的职责是一致的。实行园长负责制，加强园长的职责和权限，权责统一，有利于发挥行政管理系统的作用，实行集中统一领导，提高管理效益；同时，有利于对幼儿园保教工作进行业务领导，按教育规律办园办教育，确保幼儿园双重任务的完成。

幼儿园可建立园务委员会。园务委员会由保教、医务、财会等人员的代表以及家长的代表组成。园长定期召开园务会议（遇重大问题可临时召集），对全园工作计划、工作总结、人员奖惩、财务预算和决算方案，规章制度的建立、修改、废除，以及其他涉及全园工作的重要问题进行审议。

幼儿园应建立教职工大会制度，或以教师为主体的教职工代表会议制度，加强民主管理和监督。

3. 制度建设

幼儿园规章制度的管理效能涉及园所工作的各个方面，主要涵盖以下内容：① 确定组织系统各层次各部门的工作制度与人员职责；② 确定全园和各部门工作学习的秩序和标准；③ 制定教职工行为规范；④ 对各类活动协调管理的规定。

幼儿园规章制度有两大类：一是国家立法机关即全国人民代表大会和各级政府及其教育行政部门等统一制定的教育法规和有关的规章制度。如《中华人民共和国教育法》《中华人民共和国教师法》《幼儿园管理条例》《幼儿园工作规程》，以及地方制定的幼教行政法规，有关的管理办法、制度规章等。二是幼儿园依据国家法律和教育行政机关制定的法规，结合本园实际自行制定的规章制度。

园内规章制度主要有四大类：全园性制度、部门性制度、各类人员岗位责任制以及幼儿园考核与奖惩制度。幼儿园主要需建立教育研究、业务档案、财务管理、园务会议、人员奖惩、安全管理以及与家庭、小学联系等制度。

（二）员工管理原则

1. 任人唯贤的原则

在幼儿园管理中，对幼儿教师、园长等各级幼儿教育部门的干部、职工的选用、培养、提升、奖惩等都要坚持以德、才、能、绩为标准，反对任人唯亲、论资排辈等。

2. 用人之长的原则

在幼儿园人事管理过程中需要了解幼儿教师、园长和职工等的特长和特点，善于根据个人所长合理安排使用。知人善任是选用人员的基本标准，能使人才各得其所，各尽其能。园长需要通过日常观察深入了解每个教职工的思想状况、文化水平、工作能力、兴趣爱好、家庭情况等，根据幼儿园的发展需要，合理安排，尽量发挥其专长。

3. 重视绩效的原则

在幼儿园管理特别是人事管理中，要选择既懂业务又有干劲的人，注重以工作效绩为标准评价考核职工。凡是在促进幼儿身心健康发展方面有突出成绩的，服务家长、有益于幼儿园建设的教职工，都应得到领导的肯定。

4. 激励性原则

管理学的研究表明，人们通过辛勤努力完成某项工作任务或获得成就时，往往会产生一种兴奋感，并怀有继续完成更加艰巨任务或攀登高峰的愿望。园长需要为教职工提供充分表现的机会，委以重任，充分发挥其创造性和积极性。

5. 合理结构的原则

幼儿园的人事管理需要关注幼儿园各级各类领导、干部及职员的人员比例和分配等，实现幼儿园效益的最优化。在员工安排上，实现优势互补，结构安排合理，根据全园教职工的不同的特点，搭配班组，提高效率。

6. 因事用人的原则

因事用人就是根据"事情"或职位任务的需要来确定组织机制和员额。在幼儿园人事管理中，需要明确幼儿园各岗位需要什么样的人并任用有相应专长的人，这样才能达到有效管理。

（三）管理手段

幼儿园管理方法是实现幼儿园管理目标，开展管理活动所采用的各种手段、措施和途径等的总和。幼儿园管理的一般方法主要有以下几种：

1. 行政方法

行政方法是指幼儿园管理者依靠各级组织机构及其赋予的权力，通过发布行政指令的方式，直接对教职员工产生影响的管理手段。其核心是各级组织及其管理者一定要有职、有责、有权、有能力。岗位权责分明、办事制度流程清晰、管理者有威信、团队有凝聚力，都是行政管理良好的体现。

2. 经济方法

经济方法是指园所管理者根据教职工的工作表现和实际成绩以及按劳分配的原则，运用各种经济手段（工资、福利、奖金、罚款等），提高园所管理效率，达成园所管理目标。其核心是将工作业绩与个人物质利益挂钩，体现分配的公平性，奖惩分明，多劳多得。

3. 思想教育方法

思想教育方法是指通过政治教育、情感疏导、价值观建设等方式提高或改变教职工的精神面貌，调动他们的积极性，进而提高他们的工作效率和质量。俗话说："管人要管心，管心要知心，知心要关心，关心要真心。"在实际管理工作中，"情感管理"要与"制度管理"相结合，做到宽严结合刚柔相济。思想教育的方法要灵活，少用、不用强迫命令或教条主义的说教形式，而要采用教职工喜闻乐见的形式，采用讨论式、商量式、启发式等民主方法，针对教职工的思想实际，因时、因地、因人实施工作引导。

4. 法律方法

法律方法是指园所管理人员通过国家制定的各种教育的法律、法令、法规、条例和教育方针政策，对园所工作进行管理的方法。《幼儿园工作规程》《幼儿园管理条例》《3~6岁儿童学习与发展指南》《幼儿园教师专业标准》是我国学前教育事业发展的四个重要文件，是依法治园的重要依据，管理者要树立全员法律意识，依法实施园所内部管理，依法保障园所、教职工、幼儿的合法权利。

总之，要实现人力资源的有效开发，在管理方法上必须由"卡死"管理转向"激活"管理。落后的"卡死"管理是浅表的、低效的方法。若是园长亲自监控职工考勤，监督职工早上签到或者打卡；午睡环节亲自盯着教师不睡觉、不干私活，不仅管理者感到累，教职工也十分反感抵触。与之相反，科学的"激活"管理是深层的，作用于人的心灵，使人持之以恒地发挥工作积极性。管理者要整体地、综合地、优化地看待和运用各种方法，取长补短，灵活发挥管理的效能。

任务三　幼儿园人员的招聘和培训

【任务描述】

幼儿园各项工作质量的高低、任务完成的好坏，都取决于教师素质的优劣，选择合格的、合适的幼儿师资是进行幼儿园教师队伍建设的第一步。

因此，本节的学习任务为：拟定人员招聘培养计划。

情境一：招聘幼儿园教师。

情境二：招聘幼儿园保教员。

情境三：招聘幼儿园其他工作人员。

情境四：招聘早教机构特色教师。

情境五：招聘早教机构咨询师。

幼儿园人员招聘和培训的基本内容：① 建立招聘制度，有明确的用人标准、用人原则和招聘办法；② 人力资源需求计划管理；③ 面试与录用管理办法等；④ 建立人才储备机制，进行员工内部培养。

【任务模板】

×××幼儿园/幼教机构招聘方案[1]

一、考核原则

面向社会公开、公正、公平招聘或者面向业界，推荐性招聘。[2]

二、招聘对象[3]

三、拟定需招聘的岗位人员及要求[4]

例如：1. 幼儿教师岗（×名）

岗位要求：

2. 保育员岗（×名）

岗位要求：

3、××岗（×名）

岗位要求：

四、考核程序

（一）教师岗招聘程序[5]

1. 初审（主要查看个人简历及证书复印件）

必备项目：毕业证、教师资格证、普通话二乙以上、计算机三级以上。

加分项目：工作经验、成果获奖、其他加分项目。

2. 复审

（1）笔试。主要考查公共基础知识、专业理论知识的储备情况。

（2）面试。主要考查语言表达、与人沟通等能力。

（3）专业素养。考查至少一项以上与职业相关的专业技能。

（4）说课、上课。主要考查备课、教具准备、上课、课堂组织、教态等能力。附带考查带班经验、师德爱心等。

（二）保育员岗招聘程序

五、择优录用[6]

六、报名时间、地点

1. 时　　间：_____

2. 地　　点：_____

3. 联系人：_____

七、新录人员培训计划[7]

1. 培训安排

2. 培训内容

【指导要点】

[1]　分清各工作岗位的职责，定岗定职，在人才招聘过程中体现出本岗位的职业能力差异。

［2］ 招聘工作一般秉承"公开、平等、竞争、择优"的原则，选择德才兼备的人才，实现公开招聘；但由于工作性质的不同，或者部分公司文化的不同，有些岗位或单位实施推荐制考核方式。考核原则反映单位人员竞聘的基本标准。

［3］ 招聘对象是指应聘人，一般约定年龄、学历、户籍、性别、基本岗位条件、特殊岗位条件等。

［4］ 一个岗位所要求的需要去完成的工作内容以及应当承担的责任范围。岗位，是组织为完成某项任务而确立的，由工种、职务、职称和等级内容组成。本环节建设人力资源需求计划，要梳理清楚本单位所有需要的岗位、岗位等级、需求人数、岗位要求等信息，描述清晰且完整。

［5］ 本环节只选一个岗位做详细的招聘程序介绍。幼儿教育岗位，必须以品德考核为首，充分实现对岗位工作能力的全面考核，流程清晰，考核标准明确。附录注明考核的内容和标准。

［6］ 例如，初审选择20名进入复审，专业素养占总成绩的40%，备课、说课各占总成绩的30%。以上两个阶段按比例测算分数后相加为总成绩，按总成绩从高分到低分择优录取。达到录用分数线的人员必须参加体格检查，合格后录用为我园教师，如有不合格的，该名额取消，依次从后面名次中递补。

［7］ 结合《幼儿园教育指导纲要（试行）》和《幼儿园工作规程》，从实施素质教育的目标出发，更新教育观念，加强对教育新理论、新知识的学习，通过多种途径使教师迅速成长成熟起来。通过一段时间的培训，力争使每位工作人员在政治思想、师德修养、业务素质的实际工作能力方面达到合格适岗水平。

项目三　幼儿园常规事务管理

任务一　保教工作中的安全问题

【案　例】

小小消毒灯引发大事故

在某幼儿园大三班就读的悠悠最近几天老说眼睛疼，且有脱皮现象。妈妈陈女士想带她去医院检查，便登录班级论坛准备向老师请假。论坛中一条"急呼！你家孩子眼睛疼吗？"的帖子让她的心立刻揪了起来。她看到这个帖子是三天前就发上去的，有十几个家长跟帖，每家孩子的症状都和悠悠的差不多。陈女士后来了解到，先前已有多位家长向幼儿园反映这一情况，幼儿园认为只是部分孩子染上了红眼病，一直没有引起重视，更没有通知相关家长关注孩子。后来事态更加严重，该班37名幼儿全部出现类似症状。在家长们的强烈要求下，当地教育主管部门出面主持调查，最终发现肇事的是一盏闲置多年被保育员误触打开的紫外线消毒灯。

【原因解析】

1．管理层层面

（1）幼儿园安全管理制度不完善，管理不严格。安全责任落实不具体、不明确，导致设备及有效使用无安全保障。

（2）幼儿园没有树立"安全第一、预防为主"的安全管理思想，对潜在的安全隐患缺乏警惕意识。

（3）幼儿园缺乏安全管理应急预案，事发后既不能很快认识到问题的严重性，又不能及时发现险情所在，使事态影响迅速扩大。

（4）幼儿园没有对保育员进行专项的安全培训教育，导致保育员缺乏基本的卫生保健安全知识。

（5）幼儿园没有真正落实双重任务——教育好幼儿，服务好家长。

2．保育员层面

（1）保育员责任心不够。实施保教过程中，由于保育员的粗心、安全措施保障不力而引发了安全事故。

（2）保育员没有牢固树立安全意识，缺少卫生保健安全常识。

（3）保育员缺少对幼儿的关心，没有将安全教育落实到儿童的一日生活常规管理中。

（4）在工作中，保育员忽略了与幼儿家长的沟通与交流，没有认真思考家长的意见和问题。

（5）没有对幼儿进行切实有效的安全教育和技能训练。

3．幼儿层面

由于缺乏生活经验，幼儿对周围环境中潜在的不安全因素认识不足，判断能力差，缺少自我保护技能。

【任务反思】

1. 幼儿园常规事务管理的重要性是什么？
2. 保教结合的原则及方法是什么？
3. 如何管理幼儿园的保教工作？
4. 如何管理幼儿园的安全工作？
5. 幼儿园卫生保健工作的任务是什么？
6. 幼儿园卫生保健工作管理的程序是什么？

任务二　幼儿园常规事务工作

幼儿园常规事务管理的好坏关系到幼儿园是否能够正常运行，且贯穿于幼儿园一日工作的整个过程。本任务主要从幼儿园保教工作管理、安全工作管理和卫生保健工作管理三方面来看幼儿园常规事务管理的重要性及运行过程。

子任务一　幼儿园保教工作管理

一、幼儿园保教工作的含义和地位

（一）幼儿园保教工作的含义

幼儿园保教工作是保育和教育工作的简称，是指按照幼儿身心发展规律和特点，对幼儿园保育和教育工作进行计划、组织、指导和控制等管理的活动。

幼儿园保育工作包括促进幼儿身体健康发展、心理健康发展和培养幼儿良好的社会适应能力。

幼儿园教育工作是指根据我国的教育方针和总的目标，结合幼儿的年龄特点，专门设计的影响幼儿身体、认知、情感、社会性等方面发展的有目的的活动。

（二）幼儿园保教工作的地位

1. 保教工作是幼儿园双重任务的核心

幼儿园承担着双重任务——教育幼儿和为家长服务，这在《幼儿园工作规程》中有明确的规定。《幼儿园工作规程》的第2条和第3条分别阐述了幼儿园的保教任务，即"实行保育和教育相结合的原则，对幼儿实施体、智、德、美诸方面全面发展的教育，促进其身心和谐发展"。同时，还要"为家长参加工作、学习提供便利条件"。在双重任务中，保教是基础，是主导，教育幼儿、促进其身心健康发展是幼儿园的主要任务，是设立幼儿园根本目的之所在。幼儿园通过保教工作而实现为家长服务的目的。

2. 保教工作是幼儿园全部工作的中心

《幼儿园工作规程》指出："幼儿园的任务是实行保育和教育相结合的原则，对幼儿实施体、智、德、美诸方面全面发展的教育，促进其身心和谐发展。"这就决定了幼儿园要以保教工作为中心，一切工作都应该围绕保教工作展开。

幼儿园工作包括许多方面，主要有教育工作、卫生保健工作、总务后勤工作、师资队伍的建设等，其中，保教工作是全部工作的中心。第一，幼儿园是教育机构，教育幼儿是其主要任务，其工作都是为教育工作服务的。第二，幼儿园的教育目标是培养人才，保教工作是培养人才最直接的工作，其他工作都是围绕保教工作而展开，提高保教工作质量是保证幼儿全面发展目标得以实现的保证。第三，幼儿园保教工作目标对其他工作目标具有很强的导向作用。

二、幼儿园保教结合的原则及其实施

（一）保教结合的必要性

（1）幼儿教育是人生最初的教育，幼儿的身心发展特点决定了幼儿教育必须是保教并重的。《幼儿园管理条例》和《幼儿园工作规程》反复强调保教结合的原则；《幼儿园教育指导纲要（试行）》也明确指出要坚持保育与教育相结合实现保教并重。

（2）保教结合是我国幼儿园教育的一大特色，也是幼儿园一贯坚持的原则。幼儿教育是启蒙教育，保教工作做得好与不好直接影响幼儿能否健康成长。

（二）保教相互结合、渗透，构成有机整体

《幼儿园工作规程》所提出的保育教育目标，在幼儿教育中如何贯彻落实"保教结合"，是我们幼教工作者应积极探索的重要课题。保与教环环相扣，只要有一环没有衔接好，第一环就会松开，甚至会掉环。因此，我们在确定目标、制订计划、组织实施各项教育活动时，要树立教育和保育相结合的观念，做到"教中有保""保中有教""保教结合"。

保中有教，意味着保育中含有教育的因素。从保育的目标看，保育不仅是为了保护幼儿不受伤害，使其健康发展，还要培养幼儿积极的态度和良好的行为习惯，要对幼儿进行健康教育，向他们介绍健康知识，让他们认识到健康的重要性，以及保护身体的简单措施。从保育的实施过程看，保育的过程总是离不开教育，我们不能将保育单纯视为幼儿吃好、睡好的

消极过程。保育工作具有很强的教育属性，在保育的实施过程中可以提高幼儿生活能力，增强其自我保护、安全意识。

教中有保，意味着教育中渗透着保育的内容。幼儿教育常常是从保育开始的，因为幼儿年龄小，许多生活习惯尚未养成，教师总是先教幼儿最基本的生活常识，如怎么吃饭、怎么穿衣服、怎么大小便，这既是保育，也是教育。通过学习基本的生活常识，幼儿不但可以学会生活技能，而且能掌握相应的健康知识。

（三）实施保教结合原则的具体措施

第一，园领导从管理实践和思想上重视保教结合原则，树立保教结合的管理理念。在学前教育机构中，对学前儿童进行教育的主要工作人员是幼儿教师，他们对学前儿童的身心施加影响，从事保育和教育工作。

第二，幼儿园根据国家的目的与要求，根据幼儿身心发展的客观规律，将保教结合原则纳入全园工作计划中，有目的、有计划地对幼儿进行保育和教育。这种目的性、计划性体现在幼儿园一日生活各项活动之中。

第三，幼儿园班级是幼儿园进行保育和教育工作的基本单位。幼儿教师对所在班级的工作全面负责，根据本园实际和幼儿年龄特点，因地制宜，确定工作内容，制订和执行工作计划，完成教育任务。

第四，在具体工作安排中要体现保教结合原则。如把保教结合贯穿于幼儿日常生活中，把保教结合贯穿于日常教学中，把保教结合贯穿于游戏中。

第五，幼儿教师参加业务学习和幼儿教育研究活动，提高保教质量。

三、幼儿园保教工作的管理

管理幼儿园保教工作要抓好制订计划、执行与效果检查、总结提高几个环节。

1. 制订保教工作计划

（1）制订全园的保教工作规划。由园长或业务园长（园长助理）承担保教高层的管理工作，针对幼儿保教工作的长远发展规划和近期发展规划，负责组织制订切实可行的保教工作目标、计划。建立有效的保教组织机构和规章制度，合理调配基层班级保教人员，制订保教工作流程，组织实施各种保教工作检查、总结工作。

（2）制订学期或学年保教工作计划。由保教主任承担保教中层的管理，依据保教长远规划制订学期或学年保教计划，包括针对上阶段完成工作状况分析本学期（学年）的工作任务安排、工作的重点和难点。

（3）制订班级保教工作计划。保教管理的基层组织机构是班级。班级承担着幼儿园保教工作全面实施的任务，决定着幼儿园保教工作的质量，因此，班级保教工作计划需针对幼儿状况、家长情况、本班教师集体的情况做详尽的分析，从有利于幼儿发展的角度出发，制订具有操作性的、有利于发挥教师自身优势的班级保教工作计划。

2. 建立保教常规管理工作制度

完善的制度可以保证幼儿园保教工作的正常进行，形成良好的工作秩序。

（1）建立保教工作制度，如保教计划制度、教研活动制度、备课制度等。

（2）明确班级一日保教工作程序化要求。

保教人员的工作程序，就是将保教人员岗位责任制与幼儿园生活制度及生活常规相结合，对保教人员在一日生活各个环节中应做的工作进行具体分析，使岗位责任制规定的具体工作内容和要求落实到人，落实时间与地点，并规定完成程度与工作质量要求。

3. 执行保教工作计划

（1）传达布置。把保教计划传达给每一位老师，使他们明确工作计划的目标、工作重点、步骤安排等。

（2）落实责任。把保教计划的要求、职责、任务等分解落实到每一个人的头上，让他们各司其职、各负其责，从而保证计划得到落实。

（3）加强协调。保教人员要加强协调配合。

4. 检查保教工作落实情况

对照保教计划逐条进行检查，找出存在的问题和不足，并分析原因，为改进工作提供依据。检查记录的内容一般包括被检查教师的姓名、班级、日期与具体时间、活动内容记录、分析与评价、改进工作的建议等。

5. 总结保教工作

保教人员每学期应对自己的工作做全面的总结，吸取经验教训，探索保教规律。

子任务二　幼儿园安全工作管理

一、幼儿园安全工作的地位及意义

《幼儿园教育指导纲要（试行）》明确指出："幼儿园必须把保护幼儿的生命和促进幼儿的健康放在工作的首位。"这是由幼儿园教育对象的特殊性所决定的。幼儿园安全工作的好坏在很大程度上影响教育的质量，幼儿园教育水平真正得到发挥，在于幼儿园安全保障工作落实到位。幼儿园的安全是根本，只有在安全的基础上，才能谈多种模式的教育。

二、幼儿园安全工作管理的原则

（1）预防为主，防患于未然。

（2）组织有序，和谐自然。

（3）提供充分的活动时间与空间。

（4）教育与信任并重，处理好"管"与"放"的关系。

三、幼儿园安全工作的管理

《幼儿园教育指导纲要（试行）》之所以将安全问题放在幼儿园工作的首位，主要原因：① 身体是人发展之本，没有生命或生命质量差则谈不上人的发展或良好发展；② 近年来幼儿园安全问题不断发生，安全事件日益成为人们关注的焦点，意外伤害事故已成为影响幼儿健康成长的第一因素。如何做好幼儿园的安全工作，采取有效的安全防范措施，减少意外事故的发生，提高幼儿的生存质量，已成为家庭、幼儿园乃至整个社会关注的重要问题。

（一）当前幼儿园安全工作存在的问题

（1）幼儿自我保护和安全防范能力差。
（2）在家庭教育方式上存在偏差，家长安全防范意识薄弱。
（3）安全制度不健全，管理不善。
（4）食堂、食品的卫生条件差，存在安全问题。
（5）设施设备存在安全隐患。
（6）存在消防设施落后、陈旧，消防器材不足等问题，消防通道不符合要求。

（二）如何做好幼儿园的安全工作

1. 加强领导，建立安全工作责任制

（1）加强领导，成立机构。首先，幼儿园应从加强领导、落实安全责任入手。成立安全工作领导小组，由园长任组长，分管的副园长任副组长，后勤管理员、保健医生、教研组长、各班班长等负责人任成员，具体负责安全工作的有关事宜，由园长亲自挂帅负总责，分管副园长具体抓落实，园部、各归口行政人员、班级层层抓执行，形成全园上下齐抓共管的局面。其次，把幼儿园安全工作摆上重要议事日程，纳入年度工作计划，年初结合园所特点制订具体有效的安全工作计划，并认真执行。要经常召开安全专题会议，分析安全工作存在的隐患与问题，研究制订具体方案和措施，促进幼儿园安全工作扎实开展，营造强有力的工作格局。

（2）签订责任书。为确保安全工作责任的落实，建立健全安全工作责任制，每学期开学初，园长与各类人员签订安全目标责任书，使安全工作责任到人，实行层层负责的目标管理责任制，做到年初有计划、有部署，平时有督察、有评比，年终有总结、有奖惩。杜绝各类安全事故的发生。

2. 建立健全安全制度和应急预案

幼儿园首先要抓好制度建设，狠抓规章制度的落实，建立健全一系列安全工作规章制度和突发事件应急处置工作预案。建立领导值班制度、门卫制度、节假日值班制度、幼儿接送制度、卫生保健制度（即环境卫生、消毒隔离、预防接种、登记统计制度）、预防疾病制度、健康检查制度、幼儿服药登记制度、食堂和食品卫生安全制度、伙食管理制度、食品质量验收和检查制度、食品留样制度等。除此之外，还要建立幼儿园突发公共事件应急预案、校园安全应急预案、食物中毒预案，以及火灾、防汛抗灾、地震及重大事故紧急疏散等预案，并进行演练。制定园长、教师、保育员、医务、财务、后勤、门卫、炊事等各类人员的岗位职责。有关制度及职责均应形成书面文字，并张挂上墙，做到职责明确、分工具体、责任到人。

3. 强化幼儿园内部管理，安全措施落实到位

（1）加强门卫管理。为了进一步加强园内秩序管理，首先，幼儿园应配备专职门卫固定值班，坚持每天24小时值班制，每天严格执行门卫制度和外来人员的登记制度。凡有人来访，必须认真做好登记，严禁陌生人进入校园。各班教师严把幼儿接送关，要求家长亲自将幼儿送到教师手中。其次，要加强领导值班工作，每天安排行政人员值班，加强巡视检查，做到天天有人值班，加大午睡环节的安全巡班，防止意外事件的发生。行政值班人员还要协助门卫进行监管，严禁家长的摩托车、自行车及宠物进入园内，确保幼儿园周边道路畅通，保证家长和孩子的出入安全。

（2）加强食堂卫生安全管理。幼儿园要严格执行《中华人民共和国食品卫生法》，食堂工作人员要持健康证上岗，每年体检一次。把好进货关，必须到正规渠道采购食品，严禁购买腐烂、变质食品及原料进入园内，应与各家供货商签订协议书，确保幼儿食品卫生安全，每天还必须做好食物留样工作。保健医要认真检查食品是否符合卫生安全条件，合理安排幼儿食谱和定期做好幼儿营养计算工作，指导炊事员科学烹调，做好干稀搭配、荤素搭配；每月定期召开伙委会，及时了解幼儿伙食情况，保证幼儿食物营养充足平衡，多样丰富。炊事员要把好食品的入口关，发现有不卫生、变质和过期等问题的食品必须立即报告，同时必须严把厨房关，严禁无关人员进入厨房，杜绝意外事故的发生。炊事员除了做好幼儿三餐一点外，对厨房用具，如刀、菜板、盆、筐、抹布等应做到生熟分开，洗刷干净，食具要餐餐消毒，严防食物中毒和肠道传染病发生。

（3）做好园舍、设施设备安全检查。幼儿园安全领导小组要经常深入一线检查，对幼儿园园舍、设施设备采取定期检查和不定期抽查，确保安全工作落到实处，如对幼儿园的水电、燃气等安全工作重点要求值班人员天天检查，保证万无一失。户外大型活动的器械要由专职人员负责检查，发现问题及时解决，对幼儿园的房屋、水电、场地、家具、玩具、用具及大型活动器械要经常进行全面排查，发现问题立即整改，消除各种安全隐患，避免触电、砸伤、摔伤、烫伤、溺水等事故的发生。

4. 开展丰富多彩的安全教育活动

幼儿园要充分利用安全教育月和安全主题教育等契机，根据幼儿不同的年龄特点，开展丰富多彩、生动形象的安全教育活动。

（1）大班开展以交通安全、消防安全为主的教育内容，开展安全过马路、有趣的交通标志、过街要走人行道等交通安全教育，通过环境布置、图片展览、讲故事、朗诵儿歌、游戏活动、观看动画和影像等形式，让幼儿了解交通规则及交通安全常识，不断提高幼儿的安全防范知识。聘请消防官兵来园进行消防安全知识讲座，并进行实地演练。开展"我是小小消防员，发生火灾怎么办"主题活动，通过观看录像、图片，使幼儿知道火灾给人们带来的危害，懂得火灾自救常识和方法。通过创设情景，开展消防人员救人、紧急撤离模拟表演，让幼儿在游戏中亲身体验遇火灾自救逃生的方法和技能，增强安全防护意识。

（2）中班可以开展食品安全主题活动，通过故事《小猪生病》《不吃太多的甜食》情景表演，讨论"为什么肚子疼了""注意饮食卫生""三无食品能吃吗"，告诉幼儿不吃"三无"食

品，使幼儿知道要吃干净的食物，饭前便后要勤洗手，饭后要漱口，早晚要刷牙，从小养成良好的卫生习惯。通过设计食品安全知识调查表，让幼儿知道食品卫生的重要性，增强幼儿自我保护意识。了解如何鉴别安全食品，懂得哪些食品属于健康食品，哪些属于"三无"食品，请幼儿设计食品安全标志。教育幼儿注意饮食卫生，不买"三无"食品。

（3）小班主要培养幼儿自我保护意识，教育幼儿不随便跟陌生人走，不随便吃陌生人的东西，记住家庭电话、住址及父母姓名。例如，可以通过讲故事《小明和陌生人》，向幼儿介绍迷路时或陌生人带走自己的自救方法。开展危险的地方、遇到意外的安全主题活动，教育幼儿应该怎样注意安全，避免危险，遇到危险时不慌张，能够沉着应付，采取应急措施，增强幼儿自我保护意识。通过讲解受伤了怎么办、小纽扣不能吃、碗里的汤泼了等，向幼儿介绍烫伤、烧伤、出血及出现意外事故的自救方法，培养幼儿自我保护能力。开展角色游戏"大街上"，让幼儿懂得过马路要走斑马线，遇到红灯停、绿灯行，走失时要找交警叔叔帮助，能说出父母姓名、家庭地址和电话。还可以开展"保护自己办法多""会打求救电话"等活动，增强幼儿的自我保护能力。

此外，还可以让幼儿通过自身观察，寻找和发现周围生活中的危险源，并把危险的地方记录下来，设计安全指示标志，当好安全小卫士，提醒大家注意安全；同时，教给幼儿必要的安全知识。

5. 家园配合，形成安全教育合力

对幼儿进行安全教育单靠幼儿园的教育是远远不够的，需要家长配合，形成安全教育合力。幼儿园要重视家庭教育，开辟"安全工作宣传栏和家教专栏"，开展"家长园地""致家长一封信""告家长安全书"活动，定期召开家长会，举办家长半日开放活动，向家长宣传安全教育的重要性和必要性，增强家长的安全防范意识，让家长主动参与对幼儿自我保护能力的培养，切实将安全教育的内容延伸到每个幼儿家庭中。利用家长资源，请家长来园为教师、幼儿开展交通安全常识和消防安全知识讲座等，家园配合共同努力，强化幼儿的安全意识。

子任务三　幼儿园卫生保健工作管理

一、幼儿园卫生保健工作的地位和意义

卫生保健工作是幼儿园管理的一个重要方面，是为保证幼儿身心正常发育和健康成长而实施的各种措施。卫生保健工作在幼儿园工作中具有特别重要的意义，这也是幼儿园教育与管理区别于中小学的一大特色。

幼儿园保健工作的对象是正在发育和成长中的学前儿童。他们正处于生长发育的关键时期，生长发育迅速，然而身体尚未发育完善，生理和心理发展的可塑性大，容易受到损害；学前儿童适应环境的能力和对疾病的抵抗力不强，容易感染疾病；他们的身体结构、形态还没有定型，其行为习惯与个性也正在逐步形成。幼儿园必须通过卫生保健工作，包括科学安排幼儿一日生活，提供合理的营养膳食，定期体检，进行疾病的防治和生活卫生

常规的培养，加强体格锻炼，以及建立安全措施等一系列工作，实施良好的保育和教育，促进幼儿健康成长。

保健工作是在幼儿园这一特殊条件下实施的。幼儿园是集体保育和教育机构，实施集体保育和教育必须注重卫生保健工作，要创设适当的环境，采取必要的保健安全措施，使集体生活的儿童减少感染疾病的机会，避免传染病的蔓延，保证全体幼儿的健康。

二、幼儿园卫生保健工作的任务

1. 关注幼儿的生命与健康，促进生长发育，增强体质

一方面，幼儿身体各组织器官，如神经系统、骨骼肌肉、心血管系统、呼吸系统、消化系统等都在迅速地发育，急剧变化。另一方面，这种发育尚未成熟，各组织器官还比较娇嫩、柔弱，可塑性极大。同时，幼儿的免疫力低下，各组织器官极容易被感染，生活经验少，独立生活能力差，又缺乏安全知识，饮食起居都需要成人的妥善安排和照料。因此，保护幼儿的生命与健康，促进幼儿的生长发育，增强体质，是幼儿卫生保健工作的首要任务。

2. 增进幼儿健康，养成健康安全的生活习惯和态度

健康和安全的生活习惯和态度是增进幼儿健康的前提。从幼儿的身心发展特点来看，幼儿年龄小，自我保护的安全知识缺乏，生活经验欠缺，体力和能力十分有限，动作的灵敏性和协调性很差，且又活泼好动，好奇心强，任何事情都想亲自尝试，故常常不能预见自己行动的后果，对于突发事件又不能正确判断，身处危险之中却没有保护自己的能力。因此，应帮助幼儿养成良好的饮食、睡眠、盥洗、排泄等个人生活卫生习惯和爱护公共卫生的习惯；指导幼儿学习自我服务的技能，培养基本的生活自理能力；密切结合幼儿的生活和活动进行安全、保健等方面的教育，增强其安全意识。

3. 配合、指导家长，共同培育健康儿童

园领导在管理时，一方面，要注意调动全体教职工的积极性，发挥专职保教人员的专长，使班级保教人员与专职保教人员的工作紧密结合，各负其责；另一方面，要主动与家长配合，向家长宣传科学育儿、营养保健、心理健康等方面的知识，取得家长的支持，使卫生保健工作落到实处，促进幼儿身心和谐发展。

三、幼儿园卫生保健工作管理的内容

（1）根据儿童的不同年龄特点，建立科学、合理的一日生活制度，培养儿童良好的卫生习惯。

（2）为儿童提供合理的营养膳食，科学制订食谱，保证膳食平衡。

（3）制订与儿童生理特点相适应的体格锻炼计划，根据儿童年龄特点开展游戏及体育活动，并保证儿童户外活动时间，增进儿童身心健康。

（4）建立健康检查制度，开展儿童定期健康检查工作，建立健康档案。坚持晨检及全日健康观察，做好常见病的预防，发现问题及时处理。

（5）严格执行卫生消毒制度，做好室内外环境及个人卫生。加强饮食卫生管理，保证食品安全。

（6）协助落实国家免疫规划，在儿童入托时应当查验其预防接种证，未按规定接种的儿童要告知其监护人，督促监护人带儿童到当地规定的接种单位补种。

（7）加强日常保育护理工作，对体弱儿进行专案管理。配合妇幼保健机构定期开展儿童眼、耳、口腔保健，开展儿童心理卫生保健。

（8）建立卫生安全管理制度，落实各项卫生安全防护工作，预防伤害事故的发生。

（9）制订健康教育计划，对儿童及其家长开展多种形式的健康教育活动。

（10）做好各项卫生保健工作信息的收集、汇总和报告工作。

四、幼儿园卫生保健工作管理的要求和程序

（一）幼儿园卫生保健工作管理的要求

1. 抓好预防工作

"以预防为主"是我国卫生工作一贯坚持的根本方针。幼儿年龄小，生长发育快，但各器官系统发育不成熟，易受到各种疾病的侵蚀。因此，要坚持"预防为主"的方针，对疾病与事故做到防患于未然。同时，还要贯彻保教结合、保教并重的原则，注重积极体格锻炼，进行健康教育，保证儿童身体健康，促进其生长发育。

2. 要有组织和制度的保证

组织和制度上的保证有利于幼儿园卫生保健工作的顺利进行和具体落实。幼儿园领导中应该有一名主管卫生保健工作的领导，可以根据幼儿园的实际和工作需要成立专项的非行政组织，如设立由保教人员、后勤、炊事人员组成的伙管（委）会、爱委会、安全工作检查领导小组等，并建立幼儿园整体工作目标体系的卫生保健目标分系统，通过岗位责任制、考核评比等制度和措施将相关人员的工作内容、职责等确定下来。

为了加强对卫生保健工作的管理，应将有关卫生保健方面的各种要求、执行步骤、考核标准等通过条文的形式固定下来，使之制度化、规范化，力争做到各岗有章可循、有法可依。幼儿园卫生保健制度大致包括幼儿生活制度、儿童饮食制度、体格锻炼制度、防病工作制度、健康检查制度和安全制度等。幼儿园管理包括一系列规章制度，卫生保健制度只是其中的一种，它的制定与执行应该与其他相关的制度配合进行，如要与岗位责任制的建立结合起来，使有关人员明了在完成好卫生保健工作中本岗位应承担的任务与职责。

3. 加强计划性和定期检查指导

计划是管理工作的起点。卫生保健工作的落实和执行，也应该从计划开始。管理者在制订计划时，应将卫生保健工作的要求列入幼儿园各级工作的计划中。全园计划要明确提出卫生保健工作的任务，各部门要根据全园计划制订本部门的工作计划，班级也应在教养工作计划中体现卫生保健方面的要求，并提出具体落实措施。

除制订计划外，还应定期检查。如对儿童膳食工作进行检查，了解幼儿进餐的次数、时间及各餐的热量分配和饮食卫生，统计测算幼儿摄入的营养素，及时发现问题，有针对性地

予以指导。检查有多种形式，要将定期阶段检查与平时检查结合起来，全面检查与单项检查结合起来。对检查结果要进行分析，寻找问题存在的原因，不要轻易下结论，更不能草率行事。存在的问题可分为几类，如认识不足、职责不清、措施不力、态度欠缺、技能较差等，应根据不同的问题给予有针对性的指导。

4. 注意日常性的卫生保健工作

幼儿园的卫生保健工作，要从大处着眼，小处着手，注重日常性的保健工作，抓好幼儿日常生活活动及每日的饮食起居等环节的卫生保健工作。

（二）幼儿园卫生保健工作管理的程序

1. 健全卫生保健工作管理机构

幼儿园里要有一名领导主管卫生保健工作，同时还应建立一支包括班组保教人员、后勤炊事人员等在内的保育队伍，从而在组织上保证这项工作的开展和落实。保健室或医务室是幼儿园专职的卫生保健组织，在主管园长的领导下负责管理全园的卫生保健工作。幼儿园医务人员对全园幼儿的身体健康负责，其主要职责如下：协助园长组织实施有关卫生保健方面的法规、规章和制度，并监督执行；负责指导调配幼儿膳食，检查食品、饮水和环境卫生；密切与当地卫生保健机构的联系，及时做好计划免疫和疾病防治等工作；向全园工作人员和家长宣传幼儿卫生保健等常识；妥善管理医疗器械、消毒用具和药品。

规模较大的幼儿园可以设立伙食管理员，规模较小的幼儿园由炊事员或事务员兼任。幼儿园应该成立由主管园长、伙食管理员、炊事员、医务人员和保教人员代表组成的伙食管理委员会，定期开会讨论研究改进和提高伙食质量问题，修改制定食谱。

为了搞好幼儿园的清洁卫生工作，幼儿园还应该成立由主管园长、医务人员、保教人员、勤杂工代表等组成的卫生领导小组，定期开会研究卫生工作，定期检查评比，切实搞好幼儿园的环境卫生和个人卫生。

2. 完善卫生保健设施设备，加强幼儿园卫生保健队伍建设

幼儿园的新建、扩建、改建工程方案应该事先征得县级以上卫生行政部门的认可和指导，做到布局合理、流程科学、符合卫生保健要求。购置的桌椅、玩教具、照明设备、卫生设施、运动器材等必须符合国家有关卫生和安全的标准，并适合儿童健康发育的要求。幼儿园必须要按照国家和省有关规定，设立保健室和隔离室，配备相应的设施和保健人员。保健人员必须是取得执业资格的医护人员，上岗前还须经过卫生行政部门组织的专门培训，并取得上岗证。

3. 健全各种卫生保健工作制度

幼儿园要建立健全并严格落实各项卫生保健制度，它是实现幼儿园卫生保健任务的保证，也是检查各项卫生保健工作实行情况的依据。

幼儿园卫生保健制度有幼儿园工作人员制度，儿童健康检查制度，卫生消毒、隔离制度，膳食管理制度，安全制度等。

4. 加强对幼儿园卫生保健工作的过程管理

（1）卫生保健工作计划的制订和执行。制定幼儿园卫生保健工作计划要根据幼儿园的总目标和实际工作需要，在总结上期工作的基础上进行。保健员、伙食管理员、卫生领导小组等要明确自身职责，制订好保健工作相关计划，并保证计划真正落到实处。

（2）卫生保健工作的检查。幼儿园卫生保健工作的检查要通过实地直接观察、听取汇报、全面看材料来进行。

（3）卫生保健工作的总结。通过回顾计划执行过程，各个部门要对所承担的卫生保健工作从正反两方面分析上阶段计划中的工作，得出有指导意义的结论，从而不断提高工作的质量。

5. 注重班级日常性卫生保健工作

班级是幼儿园管理工作的基本单位，是直接接触幼儿的部门，班级卫生保健工作会影响到全园卫生保健工作的落实。幼儿园应重视班级日常性卫生保健工作，使幼儿在日常生活活动中，在每日的饮食起居等环节中，得到细微的养护照顾，受到科学的健康教育，身心得到良好的发展。为此，班级保教人员要做好以下几方面的工作：

（1）幼儿健康状况的观察与检查。幼儿园保教人员是幼儿的直接接触者，应该依据《卫生保健制度》的要求做好晨间检查和全日健康观察工作，认真做好"一摸、二看、三问、四查"的工作。"一摸"：摸额头有无发烧；"二看"：看咽喉、皮肤和精神情绪状态；"三问"：了解幼儿饮食、睡眠和大小便情况；"四查"：检查有无携带不安全物品，发现问题及时处理。可以设立晨检卡片袋，详细记录幼儿健康状况，以便教师能全面观察，个别照顾。对体弱的幼儿及时给予照顾和训练，按时给有病的幼儿服药。

（2）幼儿生活护理与良好生活卫生行为习惯的培养。幼儿在园一日生活几乎包括睡眠、饮食、如厕、衣着等全部生活内容。因此，班级生活管理的内容十分广泛，要保障幼儿休息、活动场地、生活设施用品等物质条件；要保证幼儿的营养和睡眠，还要给予安全防护。特别应该注意的是对幼儿生活常规管理，使幼儿养成良好的生活习惯、生活态度，提高幼儿的自理能力。让幼儿了解并遵守幼儿园的作息时间及起居方式的规定。保教人员要根据幼儿的接受能力和特点进行精心安排，从而促进幼儿掌握正确的生活常识，纠正或改善幼儿入园前的不良生活习惯。目前，在园幼儿多为独生子女，老一辈溺爱，父母亲常常忽视对幼儿生活能力的培养。幼儿园作为教育机构，应该帮助幼儿养成良好的生活习惯，纠正他们不良的生活行为。如经常提醒和帮助幼儿擦鼻涕、梳头、剪指甲等；教幼儿正确洗手的方法；帮助幼儿养成不挑食、不剩饭菜等良好的进餐习惯；注意物品、用具清洁，培养其良好的卫生意识。

（3）创设良好的生活环境和心理气氛。保持室内空气流通，午睡时掌握好关窗开窗的时间。创设安静、舒适、清洁和安全的进餐、睡眠和活动环境。定时定期做好消毒工作，如杯子毛巾消毒、用具消毒，定期换被褥。注意不同性质的活动交替安排，户外活动要掌握幼儿的活动量。创设良好的精神心理环境，形成和谐民主的师生关系。一日生活中应注意使幼儿情绪愉快，不要让幼儿的情绪持续保持兴奋状态，避免产生浮躁不安或过于压抑的情绪。

（4）密切与家长联系与配合。保教人员应注意经常与家长沟通，交换意见，了解个别差异，以便及时和有针对性地采取相应措施，共同做好卫生保健工作。

任务三　幼儿园教研活动方案的制订

【任务描述】

幼儿园教研活动是针对教育实践中的问题或疑难,确定活动主题,开展相关研究活动和学术活动,从而改进工作效果、提高保教质量、推动幼教改革的活动过程。教研活动方案是为了研究幼儿园教育教学问题而制订的。它可以帮助策划者理清活动思路,让自己的意图转化为可操作的方案,使幼教工作能依科学规律进行,减少盲目性与主观随意性。

因此,本项目学习任务为:为幼儿园制订一个完整的教研活动方案。[1]

【任务模板】

×××幼儿园教研活动方案[1]

一、教研活动背景[2]

我园老师在工作中存在从理念到行为、从行为到理念转换脱节现象。具体表现为:教师观察评价幼儿表现及行为的视角不够专业;教师反思教育行为不够及时。

在区教研组参加活动时,张老师推荐了《作品取样系统》一书,经过阅读发现,书中的一些信息能指导我园教师解决一些问题:

（1）让老师有共同的任务及共同的评价语言,有共同的架构基础。

（2）让老师了解每位孩子的成长状况,帮助教师建立自信,让老师说话"有凭有据"。

（3）协助教师做出教学决策,教师使用方法找出每位孩子正在学什么以及学得如何,也帮助教师了解自己正在教什么、需要继续做哪些事……

我园在学习《作品取样系统》一书的基础上,也尝试开展一系列的活动,内容有:

（1）每位教师配了一套《作品取样系统》,利用暑假时间阅读,写读书笔记。

（2）对一些重点章节分步学习。

（3）制订我园发展检核表。

① 结合园内教研组分领域制定,如语言和体育。

② 年级组制订出本年龄段的发展检核表。

③ 各班制订适合自己班的发展检核表。

二、本次教研活动的核心话题[3]

如何根据观察到的幼儿行为表现分析评价幼儿?

三、教研活动的目标[4]

（1）在学习《作品取样系统》的基础上,探索、交流适宜的观察方法记录幼儿的行为表现。

（2）通过交流、归纳、提升,讨论观察到的幼儿行为,分析评价幼儿的发展现状。

（3）通过对幼儿行为的观察分析,培养教师制订有关观察标准以及分析评价幼儿的能力。

四、教研活动准备[5]

（1）两位教师准备好案例。

（2）组员前期经验：已学习《作品取样系统》一书的关于观察记录的章节。

（3）各班的检核表正在试行中。

五、教研活动过程[6]

（1）回顾教研背景。主持人介绍本次教研活动的目标，引出教研议题：如何根据观察到的幼儿行为表现分析评价幼儿？

（2）讨论交流：

话题一：通过阅读《作品取样系统》一书，我们了解到哪些适宜的观察方法可以帮助我们去记录幼儿的行为表现呢？

话题二：适合语言、健康领域的观察方法有哪些？

话题三：结合案例，交流如何根据幼儿的行为表现分析和评价幼儿。

从三个方面交流：

① 老师用的观察方法能否帮助她达到观察的目的？

② 老师根据幼儿的行为表现，对幼儿进行分析评价的相关要素是否适宜？

③ 你还有哪些建议？

话题四：在你班所做的观察分析中还有哪些困惑？

六、教研活动总结[7]

【指导要点】

[1] 一般来说，一份完整的教研活动方案由教研活动背景和主题、教研活动目标、教研活动准备、教研活动形式、教研活动过程、教研活动总结六部分组成。

[2] 教研活动背景。教研主题一般缘于教师的真实需求、教育教学中的问题。

[3] 教研活动主题。通常而言，教研活动主题每学期以1~2个为宜，主题过多易导致教研深度缺失。教研主题一般来源于教师的真实需求。教研组长可以多准备几个教研主题，在学期初把这些主题发给每个教师，通过"公开、集中、筛选"流程，选定本学期要进行的具体教研活动主题。教研活动主题确定后，还要进行必要性分析，就是分析确定此次教研活动主题的背景，写明为什么确定这个主题、对这个主题的基本认识是什么。

[4] 教研活动目标。如果是系列教研活动，要写清总目标和子目标。许多幼儿园的教研活动目标太大、太多、太空，过分注重功利。因此，建议撰写教研活动目标时要慎用"学会""培养……能力""达到"等字样。因为教师的专业发展不是一蹴而就的，需要长期的反思、实践、学习和积累。另外，每次教研活动要让教师们事先知道要研究什么、怎么研究、目标是什么、流程如何，以及需要教师准备什么、注意什么等。

[5] 教研活动准备。①聘请专家参与。有些教研活动需要聘请那些能上课、会评课或对相关主题有深入研究的专家。坚持学术性与实践性并重，以高质量的供给和点拨评价推动教师的教研和学习需求，最大限度地发挥专家的专业引领作用。②准备相关资料。要根据教研活动主题和要求确定是否准备相关理论学习材料，是否准备课例或案例，是否准备不同学术观点材料，是否准备PPT和影像资料等。③确定主发言人。指定活动的主干教师做主题准

备，作为主要发言人。④预设机动应变。比如有效应对冷场、鸦雀无声（可用预备性问题来引导）现象；应对冗长话语和偏题现象；应对观点重复、讨论难以深入现象；应对意见分歧乃至激化现象；应对"一言堂"、集体失语现象；应对意犹未尽、欲罢不能现象等。这些情况需要事先周密思考且有预设应对方案。

[6] 教研活动过程。教研活动过程设计是教师们互动程序与相关规则的设计。需要注意：①程序操作要简单实用。②将复杂问题简单化。③注意活动的发言顺序，主发言人一般先发言，专家发言一般放在最后。④考虑教师间的有序交流，包括表达、倾听和回应三个基本环节。

[7] 教研活动总结。总结达成的共识、存在的分歧和一些有意义的思考，还可以抛出事先准备的系列问题供教师反思。本次教研活动产生的问题往往就是下一次教研活动的主题。

项目四 幼儿园财务管理

任务一 幼儿园财务管理解析

幼儿教育是孩子教育的起步阶段，幼儿园工作的主要目的是对幼儿进行良好的保育和教育工作，促进幼儿健康成长。财务工作为幼儿园的运行提供物质保障，因此，幼儿园必须切实提高财务管理水平，推动各项工作有序开展。然而，在幼儿园实际工作中，教学管理常常占主要位置，财务工作没有得到足够的重视，这在一定程度上影响了幼儿园的持续健康发展。

【案 例】

- "精明"会计钻漏洞侵占学杂费

王×自2007年起担任深圳市南山区某小学附属幼儿园的会计，由于人手紧缺，王×既负责会计工作又负责出纳工作。工作一段时间后，王×发现会计既负责收费又负责记账，账务无人核对和监管，便抓住这一漏洞，采用少报缴款名单、截留报名费的方式不断侵占幼儿园的财物。在2007年到2010年这3年期间，王×共侵占幼儿园学杂费12万余元。此外，王×还利用自身的职务便利，挪用公款为自己及家人缴纳保险费1万多元。

- 大胆园长从幼儿口中"夺食"

李××自2000年7月起担任云南省曲靖市麒麟区某幼儿园园长兼书记，全面负责幼儿园工作。原本应该是为人师表的幼儿园园长，却挖空心思想出了虚增幼儿食堂采购量、多报幼儿伙食费等贪污手段。连续几年间，伙同另外两名老师，多次套现贪污。

在2008年至2012年期间，李××伙同幼儿园原副园长兼出纳崔××以及原会计张××，利用该幼儿园承办幼儿食堂的机会，合谋多报幼儿伙食费；利用采购幼儿园服、幼儿被褥、蒙氏教具等机会虚增单价，多次套现贪污，积少成多，严重侵害幼儿利益。尤其是虚增采购柴油、生鲜食品等，多报幼儿伙食费，打着为大家谋福利的旗号裹挟其他工作人员参与配合。调查发现，他们为让造假显得真实，一般不夸大物品的单价，而是普遍夸大购菜单内的"品名"和"数量"，如因肉类单价较高，且造假较为方便，就"夸大肉的使用量，每天夸大10来斤，每月有几千元"。采用虚增幼儿伙食费、虚增工程款等手段，先后3次套取公款73.3万元人民币并进行私分。2011年至2012年期间，李××伙同以上二人，经过预谋，以加班费的名义，先后3次私分"小金库"资金34.70万元。李××共分得赃款60.2万元。

- 财迷心窍的园长省钱有"妙招"

上海市某区幼儿园园长楚×，在不到5年的时间内，通过20余次"精打细算"，共贪污公款18.7万余元，其中包括克扣小朋友伙食费所得的1.8万余元。

楚×自师范学院毕业后进入本市某区一家幼儿园做老师。她兢兢业业做了8年幼师、4

年副园长之后，终于熬到了园长的位置上。该园除常规业务外，还与一培训中心合作办了各种兴趣班，经济效益非常好。因为幼儿园日常开支都是由她一人审批，又无人监管，各种流水账经手时间长了，她对各种诱惑越来越着迷，总觉得可以在神不知鬼不觉的情况下白占。最初，楚×拿了一张500多元的个人消费发票去报销，没人多问。此后，她陆续又把自己的手机费、汽油费、学车培训费、车饰品等发票"浑水摸鱼"，结果报销了一万多元。有了发票报销的经验后，她的胆子更大了，随后竟然多次拿着已报销的发票（未交给财务人员），到合作办学单位重复报销了6次，"赚"了两万多元。尝到甜头后，她变本加厉，甚至连自己家里装修的钱都算到单位账上。据统计，楚×在不到5年的时间里，经过20多次违法操作，贪污公款近19万元，其中11.5万元用于支付自家房款。

【原因解析】

一、财务管理制度不完善
（1）财务制度方面存在漏洞或落实不到位。
（2）流于形式，财务制度不具有实际操作性。
（3）随意性大，对各项费用类别和报销形式没有详细标准和要求。

二、资产管理不规范
（1）对资金的来源渠道和使用方向不明确。
（2）对幼儿园的资产未及时进行登记。
（3）未对固定资产进行定期清查并建立专项管理档案。

三、预算和收支管理不科学
（1）未科学编制财务预算，并对经费进行科学统筹。
（2）不重视决算，没有进行年终资产资金清理工作。
（3）对往来款项、收支情况没有进行严格比对和核实。
（4）在费用支出方面，没有实施收支两条线管理。
（5）对于已完成审核程序的款项和支出没有及时核销。

四、岗位职责分工不明确
（1）分工不合理，存在一人身兼数职的情况。
（2）对财务人员的职责没有合理进行界定，没有确保职责到岗、到人、到位。

五、财务管理队伍素质不高
（1）没有配备符合幼儿园财务岗位要求的管理人员和业务人员。
（2）财务工作人员的业务素质和工作能力较差，许多财会人员是半路出家，缺乏相应的教育培训，财会人员队伍整体素质较低。
（3）财务管理人员的道德素质不高，责任心不强，风险意识缺乏，假公济私问题凸显。

六、财务监管制度缺乏
（1）幼儿园内部没有实行财务公开，收支不透明。
（2）财务账目和款项往来情况不清楚。
（3）缺乏幼儿园内部的财务审计监管机制。
（4）内部监管不力，对财务人员的经费使用行为没有进行相应的监督。

【任务反思】

1. 幼儿园财务管理的主要任务是什么？
2. 幼儿园财务管理的内容包括哪些？
3. 在幼儿园财务管理中需要注意哪些问题？

任务二 认知幼儿园财务管理基本理论

幼儿园管理就是对人、事、财、物、时间、空间、手段等因素合理运用和调配，总务管理是其中的一个重要的组成部分。

一、幼儿园总务管理

总务管理主要是对财力、物力和行政事务的管理，在幼儿园整个管理中占有重要的地位。

（一）幼儿园总务工作的意义

总务工作是幼儿园管理工作的重要组成部分。一方面，幼儿园管理的各个要素都需要通过总务工作来体现，离开了总务工作，任何组织机构、部门的工作人员都难以进行正常的工作。因此，总务工作是办好幼儿园的物质保证。另一方面，总务工作管理的水平关系到能否调动教职工的积极性。总务工作是一项服务性工作，幼儿园的总务工作不仅要为幼儿服务，为保教工作服务，还肩负着为教职工生活服务的任务，总务工作直接关系到每个教职工的切身利益，也最能体现组织和领导对群众的关心。

（二）幼儿园总务工作的任务

（1）幼儿园总务工作负责创造良好的幼儿园环境，为保教工作服务，保证幼儿园保教任务的完成。

（2）幼儿园总务工作要完善幼儿园的保教设施设备，做好幼儿园保教工作的先行工作。

（3）幼儿园总务工作要为师生服务，改善幼儿和教职工的生活福利。

（4）幼儿园总务工作要负责管好幼儿园的财务、财产，充分提高有限经费的使用效率。

（三）幼儿园总务工作的特点

1. 服务性

总务工作的服务性是总务工作客观规律的反映。幼儿园总务工作要为保教一线工作服务，为师生服务，要为办好幼儿园提供物质基础和保证，要保证保教中心工作的顺利开展。总务工作的服务功能必须贯穿在幼儿园教育、教养工作过程的始终和各个方面。

2. 广泛性

幼儿园总务工作是一项服务性的工作。它涉及人、物、事等各方面，面广量大，需要与社会上各个方面广泛接触。因此，幼儿园总务工作繁杂、琐碎，具有广泛性。所以，必须加强总务工作的计划性，要对财、物的需求做出全面规划。

3. 先行性

幼儿园总务工作必须总是走在幼儿园各项工作前面。如开学前，总务部门应该做好物质方面的准备，如修缮房舍、维修设备、添置用具等；又如防暑、防寒、防流行病等，都要求总务工作有预见性，提前采取有效措施。没有总务工作的先行，幼儿园各项工作都难以展开，保教质量和幼儿园工作效益就会受到影响。

4. 全局性

总务工作的好坏关系到幼儿园各项工作能否顺利开展，保教质量能否提高，关系到组织成员的工作、学习和生活，是涉及面最广的一项全局性工作。总务工作在宏观上受幼儿园工作目标、计划和要求的制约，微观上又与各项工作、各个部门，甚至个人紧密联系，相互制约。这就要求总务工作要着眼全局、考虑整体，以保证幼儿园整体工作目标的实现。

（四）幼儿园总务管理的内容

总务管理质量直接影响保教中心任务的完成。总务工作管理的目的是通过组织管理手段，充分发挥幼儿园财力、物力的作用，为幼儿园教职员工的生活、学习和工作服务，保证幼儿园教学及其他一切工作和活动的顺利进行。其具体内容包括：

（1）环境管理。幼儿园的环境是幼儿生活、学习的重要场所，也是园容园貌的具体体现。它应该文明、整洁、优美、安静，并富有童趣性、趣味性和教育性，给人带来朝气与活力。幼儿园应该绿化环境，多栽树木花草。总务部门应派专人管理园内场地和环境，并向专业人员请教，精心设计庭园，充分发挥环境陶冶性情的作用。

（2）房舍管理。房舍是幼儿生活和幼儿园进行教育教学的基本场地，应该给予妥善管理。新建幼儿园应按照建筑标准合理配置活动室、卧室、储藏室、盥洗室及厕所；对原有幼儿园不合理的房舍要加以改造和合理利用，满足活动室面积、日照、采光、通风等需要，也可以通过对家具的加工改造提高房舍的利用率。

（3）财务管理。应建立健全财会制度，并严格执行；做好预、决算，合理使用资金，本着保证重点、照顾一般的原则实施。

（4）财产管理。财产管理的目的是做到物尽其用。首先，幼儿园应健全财产管理制度，由专职或兼职的保育员负责；要建立财产的分类账；严格验收新购物资，分类登记入账，分类存放；注意防盗、防鼠、防虫，要注意某些特别物资的保管；要建立物品领用、借用、修复及损坏公物赔偿制度，并定期清点物品。其次，要提高财产的使用率，主要从两方面着手：一是妥善保管，及时检查、维修，延长财产使用期限；二是合理安排，调制使用，提高财产的周转使用率。三是加强全园教职工勤俭节约、爱护公物的思想教育，防止"见物不见人"的现象。

（5）生活管理。幼儿园要关心教职工的生活，关心他们的福利和实际困难，并扎扎实实为教职工办实事。

（五）幼儿园总务管理的要求

1. 树立全心全意为幼儿和教职工服务的思想和为保教服务的观念

幼儿园总务人员要充分认识安排好幼儿、教职工的生活与实现幼儿园工作目标的关系，要关心教职工的生活，为教职工提供便利的生活与工作条件，要管理好幼儿的伙食及其他与幼儿生活密切相关的各项工作。

保教工作是幼儿园的中心工作。幼儿园的其他一切工作都要为保教工作服务，总务人员要从思想上认识到这一点。要树立以保教为中心的整体观念，明确管理就是服务，要有甘当配角的服务精神，把为保教工作服务作为首要任务，为保教工作创造良好的环境，为保教工作提供必要的物质条件，要围绕保教这个中心来安排总务工作，主动配合保教工作。

2. 勤俭节约，杜绝浪费

勤俭节约是幼儿园总务工作的基本方针。这要求总务工作首先要节流，要厉行节约。爱惜财物，做到财尽其效、物尽其用，争取少花钱、多办事，尽量节约开支，最大限度地发挥教育经费的作用。其次，在节流的同时还要想办法开源，可以根据自身条件，在不违背国家政策的前提下，拓宽自我发展的途径，充分利用幼儿园的各种资源，为社会或所在的小区服务，合理收费。

3. 健全总务工作的管理组织，加强总务工作队伍建设

要将千头万绪的总务工作安排得井井有条，必须要完善总务工作的管理组织，建立岗位责任制，合理分工，互相协作，形成事事有人管、事事有章可循、人人照章办事的局面，提高总务工作的质量。幼儿园应有一名园长或副园长分管总务工作，下设财务人员、伙管人员、事务人员及其他杂工。具体到一所幼儿园配备的人数，应按《全日制、寄宿制幼儿园编制标准》，视幼儿园规模大小而定。每项职务都可设专职人员，规模较小的幼儿园，则可设兼职人员，如会计兼事务人员、出纳兼保管员，但按财会原则，会计和出纳不能由一人兼任。

另外，幼儿园还要注意加强思想教育和职业道德的教育，以提高总务人员的思想和业务素质，应支持和鼓励各工种工作人员自觉学习业务知识和技能，开展岗位练兵活动，夯实总务人员的基本功。

二、幼儿园财务管理

如前所述，总务工作是幼儿园工作的物质保证，主要包括环境管理、房舍管理、财务管理、财产管理、生活管理。作为总务管理的一个重要组成部分，幼儿园财务管理是通过价值形态对幼儿园资金运转进行综合性管理的过程，或者说，幼儿园财务管理是在一定的教育目标引导下，实现对幼儿园资产购置、资本融通、资金营运、利润分配等财务活动的管理。财务管理渗透和贯穿于幼儿园一切经济活动中。

（一）幼儿园财务管理的基本原则

幼儿园财务管理必须遵循以下原则：

（1）贯彻执行国家有关法律、法规和财务规章制度，坚持勤俭办园的方针。
（2）正确处理事业发展需要和资金供给的关系，社会效益和经济效益的关系，国家、集体、个人三者利益的关系。

（二）幼儿园财务管理的任务

（1）合理编制园内经费预算，依法多渠道筹集事业资金。
（2）加强核算，提高资金使用效率。
（3）加强资产管理，防止资产流失。
（4）建立健全财务规章制度。
（5）对幼儿园经济活动进行财务控制和监督。
（6）定期进行财务分析，如实反映幼儿园财务状况。

（三）幼儿园财务管理的主要内容

财务管理的基本职能是财务计划和财务控制。幼儿园对财务的管理主要包括以下两个方面：

第一，建立并严格遵守财务制度，严格财经纪律。这一点是做好财务工作的关键。要坚持按规定手续审批各项经费的使用，执行财务制度不因人而异。一般情况下，经费开支不应突破预算，账目要账据相符、日清月结，报表要按时报送。主管园长要加强对财务工作的检查和监督，定期公布收支情况，杜绝一切贪污浪费和违法行为的产生。

第二，编制经费预算和决算。幼儿园财务应实行计划管理，必须按年度编制好经费的预算和决算。

1. 预 算

财务预算是指幼儿园根据发展计划和任务编制的年度财务收支计划，是幼儿园各项计划的具体量化，是财务管理的核心，是幼儿园管理的重要组成部分。因此，幼儿园要重视预算管理，建立健全预算管理制度，编制科学、合理的预算，使预算更接近实际。

预算是财务收支的计划，包括收入和支出两方面。幼儿园经费收入主要有保育费、管理费、杂费、膳食费，以及政府和主办单位拨款，个人或社会团体的捐赠等。幼儿园经费支出主要有职工工资、奖金、福利费，基建投资及维修费、大型设备购置及维修费、办公费、业务培训费、水电煤气费等。幼儿的伙食费必须全部用于幼儿膳食，专款专用。

幼儿园预算管理对幼儿园的财务活动具有重要的意义。一方面，幼儿园加强预算管理，推行预算编制改革，科学安排支出，能够从根本上优化支出结构，加快预算执行进度，提高资金使用效益，进而提高幼儿园的管理水平和管理能力，有效监控和考核幼儿园绩效，改变业务收支不平衡的状况。另一方面，预算作为一个有效的沟通手段，能触及幼儿园的各个角落；预算能协调组织各项的活动，加强各部门之间的联系，促进幼儿园部门间的合作与交流。此外，通过预算还能进行业绩评价，进一步促进幼儿园各项目标的实现，保证幼儿园各项指标的不断优化。

编制预算的总体要求是"瞻前顾后，统筹安排，保证重点，照顾一般"。可参照上一学年的结算情况，考虑这一学年幼儿园的发展及实际需要，把需要与可能性结合起来。要以保教工作的需要作为预算的重点，分清主次轻重，有计划地全面安排。预算要留有余地，有一定的机动性，以便解决计划外的某些特殊需要。对某一临时重大事项用款，则可作临时专项预算上报。园长应亲自与财会人员共同分析研究经费使用的分配计划，参与预算制定工作。

在编制预算时应遵循以下原则：

（1）**真实性原则**。幼儿园预算收支的预测必须以幼儿园发展目标和履行幼儿园职能需要为依据，对每一收支项目的数字指标应认真测算，力求各项收支数据真实准确。机构、编制、人员、资产等基础数据资料要按实际情况填报；各项收入预算要结合近几年实际取得的收入并考虑增收减收因素，不能随意夸大或隐瞒收入；支出要按规定的标准，结合近几年实际支出情况测算，不得随意虚增或虚列支出；各项收支要符合部门的实际情况，测算时要有真实可靠的依据，不能凭主观印象或人为提高开支标准编制预算。

（2）**完整性原则**。预算编制要体现综合预算的思想，所有收入和支出全部纳入预算，对幼儿园的各项财政资金和其他收入统一管理，统筹安排，统一编制综合预算。编制预算时，要将幼儿园取得的包括财政性资金在内的各项收入以及相应的支出作为一个有机整体进行管理，对各项收入、支出预算的编制做到不重不漏，不得在预算之外保留其他收支项目。

（3）**科学性原则**。预算编制要具有科学性，具体体现在：预算收入的预测和安排预算支出的方向要科学，要与幼儿园发展状况相适应，要有利于促进幼儿园协调全面、可持续发展；预算编制的程序设置要科学，合理安排预算编制每个阶段的时间，既以充裕的时间保证预算编制的质量，又要注重提高预算编制的效率；预算编制的方法要科学，预算编制要采用科学规范的方法，测算的过程要有理有据；预算的核定要科学，基本支出预算定额要依照科学的方法制订，项目支出预算编制中要对项目进行遴选，分轻重缓急排序，科学合理地选择项目。

（4）**稳妥性原则**。预算的编制要做到稳妥可靠，量入为出，收支平衡。收入预算要留有余地，没有把握的收入项目和数额不要列入预算，以免收入不能实现时，造成收小于支；预算要先保证基本工资、离退休费和日常办公经费等基本支出，以免出现入不敷出的情况。项目预算的编制要量力而行，有多少钱办多少事。

（5）**重点性原则**。预算编制要做到合理安排各项资金，在兼顾一般的同时，优先保证重点支出。根据重点性原则，要先保证基本支出，后安排项目支出；先重点、急需项目，后一般项目。基本支出是维持幼儿园正常运转所必须的开支，如教职员工基本工资、国家规定的各种补贴津贴、离退休人员的离退休费、保证幼儿园正常运行所必须的管理费用支出以及完成幼儿园任务所必须的其他支出，因此要优先安排预算，不能留有缺口。

2. 决　算

决算是执行预算的年终总结。通过决算可以了解全年经费的使用情况、各项经费收支的比例关系，以及它们在总额支出中的比重，找出经费使用规律，为下年度预算的制订提供依据和指导。

在主管园长领导下，财务人员负责经费的预算和决算的编制工作，由园长提交园务委员会审议通过后，预算须呈报主办单位审核批准方可执行，决算也要报主办单位审批备查。

任务三 编制幼儿园财务预算

【任务描述】

预算发挥着计划、执行、控制、监督的作用,加强预算管理能够提高幼儿园的管理水平和管理能力,能有效监控和考核幼儿园绩效,改变业务收支不平衡的状况。

因此,本项目的学习任务为:编制幼儿园财务预算[1]。

幼儿园财务预算的主要由收入预算、支出预算和结余预算三大部分组成[2]。

【任务模板】

××幼儿园2015年财务预算

一、经费收入预算[3]:　　　　　元
(一)幼儿园学费(保教费)　　　　元

年＼项目	在园人数(人)	收费标准(元/人)	学费合计(元)
2015			

(二)代收项目费[4]　　元

项目＼	人数(人)	收费标准(元/人/)	合计(元)
课本资料费			
卧具费			
幼儿园服费			
幼儿体检费			
幼儿伙食费			
校车接送费			
×××费			
合　计			

二、经费支出预算：　　　　元
（一）代收项目支出[5]　　　元

项目＼金额	费用（元）	合计（元）
课本资料费		
校车接送费		
×××费		
合计		

（二）教职工工资　　　　元
工资包括教师基本工资、绩效工资、保险及福利费用等。
（三）幼儿园的水、电、气费[6]　　　元
1、水费：XX元/月×12个月=　　　元
2、电费：XX元/月×12个月=　　　元
3、气费：XX元/月×12个月=　　　元
（四）通信费[7]　　　元
（五）交通费　　　元
（六）教职工体检费　　　元
（七）办公经费[8]　　　元
（八）幼儿用品费　　　元
如购买幼儿毛巾、扫帚、纸巾、肥皂、分区活动材料、体育玩具等的费用。
（九）装修布置费[9]　　　元
（十）设备维修费　　　元
如维修电脑、打印机、复印机、大型玩具、风扇、监控设备等。
（十一）设备添置费　　　元
如添购空调、电脑、电视、班级其他设施等完善办园条件的经费。
幼儿园活动经费[10]　元
……
（十六）不可预见的其他费用[11]　　　元
三、经费结余预算[12]：　　　元

【指导要点】

[1]　幼儿园财务预算一般以年度或学年为时间点编制，也可按学期编制。预算必须在学期或学年初进行，编制好后由园务委员会领导小组成员共同集体协商、讨论，通过后方可执行。在年终还需进行决算，以了解经费的使用情况，为下学期或学年的预算编制提供依据和指导。

[2]　收入和支出预算均要详细罗列出每笔款项的来源或用途。

[3]　收入预算部分应先列出总金额，再分项罗列资金来源、具体金额及计算方法。

[4] 代收项目费可参考上一学期或学年的情况,结合本园实际编制。编制时要注意,各项目交费人数可能不完全一致,例如,仅有部分幼儿会交校车接送费。

[5] 代收项目支出款项与金额必须与代收项目费各项完全一致。

[6] 支出项目的各项均可参照"代收项目支出"部分用表格罗列,也可直接分别列出。

[7] 主要是指幼儿园办公电话费用及领导的通信费等。

[8] 主要是指幼儿园教职工文具、复印纸、图书报纸资料等的费用。

[9] 包括对幼儿园房屋、操场等进行改建、装修、装饰的费用。

[10] 包括举办亲子活动、各项比赛、晚会等的费用。

[11] 这一支出可根据实际情况灵活机动处理,主要用于一些偶然性的开支,如在计划外有专家学者等来园指导时产生的相关费用。此外,需要特别说明的是,各幼儿园的情况不同,开支项目也有一些不同,如私立幼儿园还需支出校舍租金等费用。因此,在编制预算时要逐一罗列,通盘考虑。

[12] 经费结余预算 = 经费收入预算 – 经费支出预算。

项目五　幼儿园课程管理

任务一　幼儿园课程改革案例解析

【案　例】

自《幼儿园教育指导纲要（试行）》开始实施以来，本着尊重幼儿、促使幼儿个性全面发展的指导思想，幼儿园全面推进了以五大领域为基础的课程模式改革。学前教育工作者们经历了艰难的探索和实践，从以往的以教师为中心变成了现在的以幼儿为中心，不断地尝试运用各种课程模式。我们对比分析改革前后两个不同类型的教学案例，从中探析幼儿园课程的发展和变化。

两个教学案例的对比：

案例1：中班常识活动"认识木头"	案例2：中班科学活动"滚动"
活动过程如下： 一、老师引导幼儿观察木头 　1. 老师出示木头，提问幼儿：这是什么？ 　2. 请幼儿触摸木头，提问幼儿：木头用手摸上去是怎样的？（学说"粗糙"） 　3. 请幼儿用手掰、敲木头，提问幼儿：我们用力掰木头，用力压木头，木头怎么样？（学说"牢固"） 　4. 请幼儿一手捏木头，一手捏棉花团，提问幼儿：木头和棉花捏在手里是怎么样的？（学习"硬"，复习"软"） 　5. 先请幼儿把石子放入碗里的水中并观察，然后提问幼儿：石子放在水里怎么样了？（石子放在水里沉下去了）再请幼儿把木头放在水里并观察，问幼儿：木头放在水里怎么样了呢？（学习"木头放在水里会浮起来"） 二、老师小结 　这是木头。木头用手摸上去是粗糙的，捏捏是硬的，手掰也掰不开，敲也敲不碎，很牢固，放在水里会浮起来，木头遇到火还容易燃烧。 三、老师启发幼儿讲木头的用处 　1. 提问幼儿：木头有什么用处？ 　2. 老师小结木头的用处，并启发幼儿回家之后找找看木头还有什么用处。	活动过程如下： 一、创设情境 　老师给每个幼儿提供了两种不同的材料：圆柱体的薯片筒和两端粗细不同的塑料杯子。要求幼儿分别滚动圆筒和杯子去击打放在不远处的物品。 二、发现问题 　孩子们很快发现：薯片筒容易击中目标，而水杯难以中靶。这是为什么？"因为薯片筒滚得比较直。""杯子爱拐弯，不走直路。"孩子们说出了自己观察后的发现。 三、探索问题 　"为什么薯片筒能滚直，杯子不能滚直呢？"老师请孩子做出解释。 　1. 关于轻重的实验探索 　2. 关于长短的实验探索 　3. 关于粗细的实验探索 　老师继续提供材料让孩子操作、试验……这样，借助材料和试验，老师逐步引导幼儿发现，影响物体运动轨迹的重要原因是物体的形状。"杯子一头粗一头细，薯片筒两头一样。""是这样的吗？形状不一样的物体滚动的路线就一定不一样吗？"为了验证孩子们的结论，老师又拿出一个圆锥体，轻轻推动一下，它竟然绕着自己的尖儿（圆锥的顶）转起圈儿来了。孩子们认同形状真是影响滚动路线的原因。

案例1中班常识活动《认识木头》是20世纪80年代初幼儿园中班常识活动的优秀案例。而案例2中班科学活动《滚动》则是新时期幼儿园中班科学活动的优秀案例。作为不同时期

的两个优秀案例，从"认识木头"到"滚动"，我们不难发现，幼儿园课程在目标、内容、实施和评价等方面都发生了明显的变化。

【原因解析】

一、课程理念的变革

新课改对教育理念进行了革新，始终围绕着孩子的兴趣和需要进行课程改革，注重孩子的直觉感知、亲身体验、实践操作，注重孩子的非智力因素的培养。加强了幼儿园课程与幼儿发展的联系，倡导幼儿主动参与各种活动，注重幼儿的潜能开发、创新精神和各种良好习惯的培养。

二、课程目标的变革

案例1的目标侧重于儿童通过对木头的直观感知，理解并记忆关于"木头的物理特性和用途"的基本知识。而案例2中，儿童在老师的启发和引导下，收获的不仅是关于"形状是影响滚动路线的原因"这一知识点，在知识获取的过程中，儿童的注意力、观察力、思维能力得到了发展，更为重要的是儿童体验了探究和发现的乐趣，萌发了科学态度和精神，习得了科学探索的方法。因此，课程目标的变化是明显的，即由重视"儿童对基础知识、基本技能的掌握"到强调"儿童认知、情感、动作技能的全面发展"。

三、课程内容的变革

随着课程目标的变化，课程内容也发生了显著的变化，不再局限于只是让儿童获得基础知识的内容，还要考虑儿童在获取这些基础知识的过程中，能否掌握基本活动方式，能否获得智力和能力的发展，能否培育良好的情感态度。

例如，要让儿童获得"形状是影响滚动路线的原因"这一基础知识，老师可以通过直接讲授并结合实物演示的方法传授给儿童，儿童也是能够理解和掌握的。但老师并没有这样做，而是首先设置问题情境，让儿童去发现问题，鼓励儿童做出假设，老师再提供材料让儿童去验证假设。在儿童推翻假设后，老师并不急于将正确答案告诉儿童，而是进一步鼓励儿童重新假设、验证，直到发现正确答案。

四、课程实施的变革

在案例1的活动中，老师采用的是"直接教学"，儿童的学习基本上是"接受学习"。老师讲、儿童听，老师演示、儿童看，老师提问、儿童答，老师是知识的传授者，儿童则在老师的讲解和演示下被动地接受、理解、记忆知识。

而在案例2活动中，老师采用的是"支架式教学"，儿童的学习基本上是一种"发现学习"。老师通过创设问题情境—儿童操作发现问题—儿童运用已有经验提出假设—教师提供材料—儿童验证假设—反复经历—解决问题。在反复试误的过程中，儿童不仅深刻地理解了知识，而且学会了思考和分析，习得了探究的方法，体验了探究和发现的乐趣。因此，儿童的学习不再是一个被动接受的过程，而是一个主动建构的过程。儿童原有经验和发展水平是学习的基础，教师则在儿童原有经验和发展水平的基础上，不断激发儿童新旧经验之间的认知冲突，随着冲突的不断解决，儿童的经验提升到一个新的水平。

五、课程评价的变革

在案例1中，老师最终以儿童能否以准确的语言记住"木头的物理特性和用途"为评价标准，判断这次活动效果的优劣。而在案例2中，老师不仅关注儿童最终能否发现"形状是影响滚动路线的原因"，而且注意儿童在活动中能否积极主动地去发现问题、分析问题、思考问题和解决问题。因此，新课程理念下，课程评价的要素更为多元。儿童对知识的理解和记忆不再是衡量教育活动成效的唯一指标，其在整个活动过程中的情感、态度、方法、能力都是衡量教育活动成效的重要指标。

六、课程资源的变革

案例1所需的教学资源主要是木头、棉花、石子等，并引导儿童观察生活中木头的用处。案例2所需的教学资源有圆柱体的薯片筒、两端粗细不同的塑料杯子、和杯子差不多长短的圆柱形物体、一个圆锥体，这些素材之间有物质特征的内在联系，引导儿童由表及里地深入思考问题，因此，儿童会不断衍生出对不同外部特征事物滚动的兴趣和探索行为。这主要是由于传统教育所建设的教学资源多为素材性资源，而新的教育资源除了素材性资源以外，还会考虑时间、场地、媒介、设备、设施和环境等条件性资源对素材性资源的作用问题。

除了上述六个方面的变革以外，当前幼儿园课程改革还加强了幼儿园课程与家庭教育、社会生活的联系，幼儿园、家庭与社会合作、互动关系的建立，以及幼儿园课程园本化实施的力度等问题。

【任务反思】

1. 课程是什么？它包含哪些要素？
2. 课程实施的设计和基本过程是什么？
3. 如何将幼儿园的课程改革体现到园本课程开发中？
4. 幼儿园的科学研究是重理论还是重实践？为什么？

任务二　幼儿园的课程管理

一、概　述

幼儿园中的事务繁多，教育教学是所有事务的核心工作，一切事务都是为教育服务的。教育工作既要贯彻落实国家的法规、方针、政策和地方教育行政部门的指令，又要参照本园发展建设规划、重大事情的决策；同时，需要践行"保教结合""教养并重""全面发展"等原则，对教养业务、思想教育、卫生保健、总务行政等工作进行合理计划、全面安排，通过建立常规制度协调人际关系、控制管理活动过程、开展工作评价，促进育人工作质量的提高。

（一）课　程

课程是指所有学科（教学科目）的总和，或指学生在教师指导下各种活动的总和。幼儿园课程根据课程目标和内容来划分可以分为健康、语言、科学、社会、艺术五个领域，根据活动形式划分可以分为生活活动、学习活动、游戏活动和劳动活动四种类型。课程是实现教育目标的载体，课程管理则是实现课程目标的过程，包括确定教育目标、制订教育计划、执行教育计划、检查、总结教育工作五个工作环节。因此，课程管理是指国家、地方、学校三级共同对课程的各个运行环节，包括课程目标、课程内容、课程组织和课程评价进行统筹规划、指导、协调、决策和监督等。

（二）课程开发

幼儿园课程开发是指幼儿园根据国家、地方政府关于幼儿园教育纲要、课程指南的精神，从幼儿园教育理念、办园宗旨等出发，依据幼儿园自身的环境、特点及可利用和开发的资源所进行的课程重组创新并加以实施的课程实践活动。幼儿园要围绕本园自身教育目标，合理选择与使用教材，建设课程资源；园长、教师、专家、幼儿、家长及社区人员共同参与课程计划的制订、实施和评价。

课程开发活动有两种形式：新编和改编。新编，即所有的课程成分都是新开发的，没有依赖现有的课程材料；改编，即从现有课程材料中选择合适的成分并稍加改进，如课程选择、拓宽、加深、整合等。

（三）课程方案编制

为确保课程的有效运行，幼儿园需要编制课程方案。幼儿园课程方案，一般是指幼儿园按照教育目标和幼儿的发展特点与需要，根据本园的实际状况和课程资源条件，对本园的课程内容、课程方法、课程编排、课程管理等方面的改革实践进行梳理与整合，在此基础上形成一套课程认知表达形式。一般包括"幼儿园课程编制方案"和"幼儿园课程执行计划"两个相互联系的部分。幼儿园课程编制方案主要是从宏观视角对幼儿园的课程理念、课程目标、课程资源、课程关系、课程依据、课程编码和课程管理等内容进行系统的描述，大致包括编制背景、主体内容以及实施与管理三个部分。幼儿园课程执行计划实际上是幼儿园的课程执行方案或工作计划。

（四）教研工作

教研活动是以促进学生全面发展和教师专业进步为目的，以学校课程实施过程和教育教学过程中教师所面对的各种具体的教育教学问题为研究对象，以教师为研究主体，以专业研究人员为合作伙伴，以校为本的实践性研究活动。"研究性"是幼儿园教研工作的本质特征。

二、幼儿园课程实施过程

（一）确定教育目标

课堂教学目标是教学模式的灵魂，是教学的出发点和预期的结果。课程目标是实施目标管理的基础，需要将幼儿园教育工作总目标层层分解为幼儿园年度教育工作目标、不同年龄班领域教育的发展目标。随着教改的深入，在教学目标的设置方面，幼儿园也由过去的单一性目标向多重目标迈进。但由于课程的开发者和实施者在教学目标上抱有不同的理念，对教学模式建构的视角、方法和评价也迥然不同。

（二）制订教育计划

根据幼儿园现有条件和资源，面向发展需要制订规划性方案，方案制订过程中需听取各方意见并形成最佳方案，将总计划分解为不同层次的教育计划体系。最终要落实到具体可行的学前教育计划、月计划和周计划工作中。对于教育工作中的重点问题和特殊问题还可以设置专题性教育工作计划。

（三）执行教育计划

将计划付诸实践是教育工作的实质环节。要处理好各职能部门之间的关系，合理调配资源，管理者和教师平等对话，尊重教师的自主性；管理者要深入教育实践，针对实际问题及时进行研讨；执行计划时要注意严肃性与灵活性相结合，提高执行的效率。

（四）检查（教育质量监控）

管理者需对月计划、周计划、教案、教学活动、一日教育活动、教研笔记、听评课记录、教学反思等进行检查，督促工作的执行，提高效率和质量。

（五）总结评价

教育活动的课程评价不同于单科课程，对幼儿能力的影响更多元、更长远，单一的评价机制不能有效地反映活动成效。同时，主题活动的设计与实施是集体工作的结果，因此活动评价也需全员参与，并将定性评价与定量评价相结合、过程性评价与结果性评价相结合，通过多重评价形式进行综合诊断、反思与调节。评价内容有两个方面：

（1）幼儿的发展状况评量。评价者由教师、家长、幼儿、管理者共同组成，评价方式灵活多样，既有过程性的评价，包括教师的教育笔记、区域活动观察记录与行为观察个案分析、家园共建的幼儿成长档案、家园联系记录本等，又有阶段性结果评价，包括期末综合测查、幼儿身心发展报告等。

（2）教师的专业发展水平评量。由家长、教师、管理者共同参与评价，评价形式既包括定性评价，如教师的教学反思、管理者的日常教学检查记录，又包括量化评价，如教师教学常规量化汇总、常规的教学观摩评价，如环境创设评价、早操评比评价、家长问卷评价等。课程评价的目的不是为孩子定性，而是分析课程经验与幼儿之间相互作用的情况，以便进行下一步的课程设计。

三、园本课程开发与建设

（一）园本课程开发过程

1. 成立课程开发领导小组

根据幼儿园课程建设的需要确定领导小组成员，把握正确方向，树立课程管理意识。依据国家教育方针、教育目标、幼儿身心特点，拟订课程开发的指导思想、实施方案、步骤，协调课程开发过程中出现的各种问题。

2. 成立课程开发工作小组

根据园本课程的定位情况，合理选择参加人员，依据人员特长的不同确定任务分工，同时建立课程开发和管理制度，以确保开发工作有效实施。一般来说，开发工作小组应该包括：管理层（园长、上级行政领导等），执行层（教师、家长、幼儿等），咨询层（课程专家、民间艺人、社区人员等），保障层（后勤管理人员、校外项目支持者等）。

3. 制定课程开发程序

课程开发前期，开发工作小组需要从幼儿园的历史背景、园本文化、幼儿实际需求、家长情况、社区资源情况、有没有专家支持等方面出发进行分析，同时还需要查阅文献了解所要开发的园本课程的相关理论和实践成果，商议确定园本课程开发的主题。其次，园本课程的开发需要充分挖掘和利用各种资源，有计划、有步骤地开发特色课程，包括拟定课程名称、确定目标和课程理念、筛选课程内容、建设教学资源、规划教育方法和形式，最终形成园本课程草案。然后取2~3个班级进行试点，培养教师组织与实施园本课程。最后，通过课程评价，开发小组进行总结、调整，逐步完善园本课程方案。

4. 课程开发后勤保障

园本课程建设要有专项活动经费和后勤工作的支持与保障，保育和一日生活活动要与园本课程相互衔接，做到保教合一。有条件的幼儿园，可以建设资源网站和教学资源库，便于教师能及时调取资料和相关信息进行课程建设。

（二）园本课程开发条件

园本课程的开发与建设有自身的特点，要始终坚持以幼儿为本，立足实际、贴近生活。

（1）明确而独特的办园宗旨和教育思想。注重幼儿园五大领域的融合，促进幼儿个体的全面发展。以幼儿园为本，开发适合幼儿园特点和幼儿发展需要的自主性课程，确立能体现幼儿园教育理念的指导思想。

（2）民主、开放和科学的幼儿园管理。坚持教师和幼儿双主体共同参与到课程建设中。课程建设不仅仅是教师的事，要鼓励所有的教育力量包括幼儿及其家长、后勤人员共同参与到课程建设和管理过程中。

（3）素质较高的教师队伍，强调以游戏和活动为主的教育过程，重视发挥潜在课程的作用。教师的教育要具有自主性与反思性，能挖掘可利用的课程资源进行经验的整合和教育的创新。

（4）提供有效的监督和服务机构，考虑实际，避免盲目改革，强调实效性。

（三）园本课程开发策略

1. 本土化策略

从当地的人文、社会、经济及历史出发，寻找园本课程资源，结合儿童发展的需要进行开发。例如，新疆一所幼儿园对教材进行了梳理，删减原有的、与本地实际情况不相符的内容，如季节、我们的小区等，增加了"新疆瓜果""新疆民族节日""民族礼仪"三个主题教育单元。贵州一所幼儿园设计了"神奇的贵州土地"这一园本课程，涉及"游贵州""不一样的石头""苗家情"等单元活动。

2. 生活化策略

关注幼儿本身，关注幼儿的需要，根据幼儿的实际情况生成新的有价值的活动内容，让课程体现幼儿的生活、幼儿的兴趣和需要。如北京一所幼儿园根据小班幼儿的发展需要，整合已有的教学资源，形成了主题为"健康宝宝"的园本课程，包含"锻炼身体""蔬果营养好""注意安全""我能做到""健康成长"五个单元，每个单元有4~5个教育活动。

3. 情景化策略

将幼儿耳熟能详的故事，从简单的故事表演发展为完整的主题活动，有效地利用一个故事开发出各个领域的教育活动。如主题活动动画片《葫芦兄弟》，将老师讲故事改编为系列活动，包括欣赏童话剧、欣赏葫芦娃的艺术形象、创编葫芦兄弟的故事、讨论童话剧剧情、角色报名、了解评委的工作、葫芦娃角色竞选、制作舞台场景及道具、欣赏各类门票、设计请柬、制作张贴海报、创编集体舞、分组彩排和演出。主题活动主要以语言和艺术表演为主，老师还可以根据需要，进一步延伸出"认识葫芦"（科学）、"七兄弟"（数学）、"团结力量大"（社会）等活动。

4. 特色性策略

在园本课程建设的过程中可以展现自己独特的个性，实现自己独特的价值。如浙江省安吉县建立了安吉模式的园本课堂，坚持"以游戏为基本活动"理念，依托宝贵的自然资源，因地制宜地探索各种适应、激发孩子兴趣与能力的游戏材料与环境；安吉县机关幼儿园创设了18个野趣游戏区，大班游戏区5个，包括大沙水池、锅松林、欢乐运动场、户外建构、冒险岛；中班游戏区有6个：农家乐、建构、欢乐运动场、大脚丫沙池、小树林、石玩坊；小班游戏区有7个：门厅建构、玩沙、欢乐运动场、涂鸦、废旧工厂、小树林（2个）。各年龄段按不同游戏区进行轮换；周二、周三、周四上午全园幼儿在相对固定的游戏区游戏，周一、周五各班自由选择游戏区游戏。针对安吉县新农村幼儿园及社区家园共建共育活动，德国著名学前教育专家蕾娜特·齐默尔教授评价道："这是我看到的全世界最好的幼儿园，有很多地方值得德国学习。"

5. 及时性策略

紧跟生活中的大事件，开展园本性主题活动。如幼儿园为了引导幼儿对社会重大事件的关注，在2008年北京奥运会前夕，设计了主题园本课程"中国队，加油"，包括"多哈亚运会知多少""好玩的运动游戏""运动的保护""亚运明星""链接奥运"五个单元，结合体育精神和新知识对幼儿园的原有体育活动进行了整合。随着时代的变迁，幼儿园原有园本课程的结构框架可以保留，但要注入新的内容，如"多哈亚运会知多少"可转换为"里约热内卢奥运会知多少"，"亚运明星"转换为"我最喜欢的体育明星"。此园本课程的实施要与奥运会及时对接。

6. 发展性策略

根据儿童发展的需要，针对儿童的某一个或某几个素质建设，开发园本课程。如幼儿园建设阅读课程，在全园创设"随步阅读"的环境，建立分阶段阅读书目和家园共读平台，提出了自由阅读、理解阅读、创意阅读三阶段教学，每个月有阅读主题，通过大量阅读活动帮助儿童培养阅读兴趣、习惯，促进其语言、认知、情感和社会性发展。

四、园本课程的方案编制

幼儿园课程方案的编制是对本园课程系统和管理系统的策划与设计。课程方案的编制应立足于幼儿园课程的现实需要和课程资源的实际状态，完整地表达幼儿园的课程理念、课程行为和课程体系。

园本课程方案可分为编制背景、主题内容和实施管理三个部分，其中方案的主体内容通常由课程名称、课程背景、课程理念和目标、课程资源建设、课程内容与设置、课程组织与管理、课程评价等信息组成。

（一）课程名称

园本课程的名称要蕴含文化特质，既要清楚、简洁明了地体现幼儿园自身的特点或教育切入点，也要反映出内容的整合和提炼意图，如"游戏教学一体化课程""地方特色美术创意课程"。（见图 5-1）

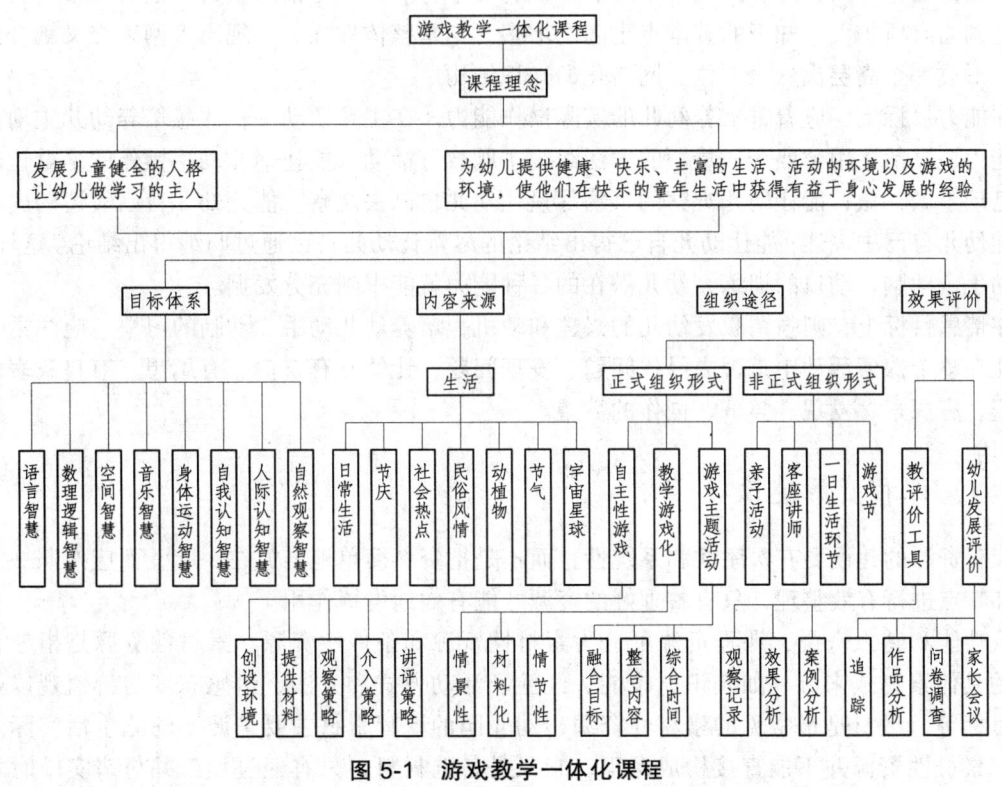

图 5-1 游戏教学一体化课程

（二）课程背景

课程背景一般能反映出课程的基本价值观和教研理念。园本课程的背景分析一般来源于课程建设的前期调研（包括历史背景、园本文化、师资力量、幼儿需求、家长情况、社区资源等），对幼儿园的优劣势、幼儿园资源情况、儿童认知发展规律、国家政策背景等问题做出全面的分析，找到课程开发的基础。课程开发不是纯粹的创新，而是基于幼儿园已有的教育教学资源，针对儿童发展的需要所做出的教育资源的整合、提炼、优化和创新的过程。

课程理念的确立应既尊重儿童的自然发展规律，又有效地将儿童发展纳入合乎社会需要的轨道，达到尊重与要求的和谐统一。在课程中应努力尊重幼儿已经有的经验，尊重幼儿随机产生的兴趣，尊重幼儿潜在的、经过一定的等待、经过引导和自发努力能够实现的水平（"最近发展区"），同时注意根据社会现实中的客观必然性，对幼儿的行为规范、自觉性、认知发展等提出相应的要求，使幼儿了解、适应社会生活。

（三）课程目标

制定课程目标应充分反映活动内容的教育功能，要注意目标的综合性。换言之，目标的内容应立足于促进幼儿身心全面和谐发展，应涵盖认知、动作技能及情感态度等几个方面。教育目标的实现是一个长期的过程，需分若干个不同的阶段来完成。不同层次的阶段性目标之间要互相衔接，体现幼儿发展的渐进性和连续性。

在知识目标方面，综合课程中呈现的知识有两个特点：一是信息量大，范畴比较广泛。知识基础面有所扩大，知识的基本点也随之增多。二是整体性强。呈现出多网络交叉耦合的态势，形成一个高层次、全方位、网络化的知识结构。

在能力目标上，应着重培养幼儿的实际操作能力。在主题活动中，注意培养幼儿主动学习的能力，灵活运用"四个尽量"的方法组织主题教育活动：能让幼儿动手操作的尽量让幼儿自己动手做一做；能让幼儿观察的事物尽量让幼儿自己去观察；能让幼儿自己表述的内容尽量让幼儿自己去表述；能让幼儿自己得出结论的尽量让幼儿自己通过归纳得出结论。这样，通过动手、动脑、动口的训练，幼儿潜在的各种能力就能得到充分发掘。

在情感目标上，则强调激发幼儿的兴趣和动机，培养幼儿动手、动脑的习惯。应注重了解幼儿在整个探索活动中是否去寻找问题、发现问题，让幼儿有自信、有思想、有自我表现的欲望，有探索、发现、尝试、创作的欲望。

（四）课程资源建设

课程资源的建设要有次序性和系统性，而不是把资料简单地堆放在一起，而应按照一定标准和特点进行有效整理，只有整理好的资源才能有效地发挥作用。

从功能和特点来说，课程资源可分为素材性资源和条件性资源。素材性资源是指教育资料的具体素材或来源，如知识、技能、经验、活动方式和方法、情感态度与价值观以及培养目标等。教材是最常见的素材性资源，幼儿园的课程素材主要来源于幼儿生活实际。然而，素材性资源并不能直接构成课程，它只是备选材料，只有经过加工并付诸实施时才能成为课程。幼儿园课程建设需将与本门课程相关的素材资源分门别类地进行整理，并建立起素材资源开发和建设教研机制。条件性资源的特点是作用于课程，但并不是资源本身的直接来源，它在很大程度上决定了课程实施的范围和水平。比如，直接决定课程实施的范围和水平的人力、物力和财力，时间、场地、媒介、设备、设施和环境，以及对于课程的认识状况等因素。

根据物理特性和呈现方式，课程资源可分为文字资源、实物资源、活动资源和信息化资源。其中，信息化资源主要是指多媒体化、网络化、交互化和以网络技术为载体的校内外资源。

从课程资源的结构来说，其又包括校内课程资源和校外课程资源。校内课程资源，除了教科书以外，还有教师、学生。师生本身不同的经历、生活经验、学习方式、教学策略都是非常宝贵的直接的课程资源，校内各种专用教室和校内各种活动也是重要的课程资源。校外课程资源，主要包括学校、家庭、社区、社会（校外图书馆、科技馆、博物馆、网络资源、乡土资源）等。

（五）园本课程内容的设置

园本课程内容的设置是指幼儿园应为幼儿提供哪些活动，如何安排这些活动之间的比例。幼儿园在具体操作中可把握四个平衡：① 幼儿园四类活动的平衡：对各年龄段幼儿四类活动（生活、运动、游戏、学习）的时间做出明确、适宜的规划，以作为活动内容选择与组织的依据。② 特色活动与共同性活动的平衡：从整体性上考虑特色项目的价值定位、内容以及比例。③ 区角活动与主题活动内容的平衡：既要考虑主题活动和区角活动的联系，也要关注五大领域教育内容的平衡，以及主题和非主题活动的平衡，使课程内容有一个整体的规划与安排。④ 幼儿主体与教师主导间的平衡：既要保证幼儿自主游戏和娱乐的时间，又要保证教师引导幼儿进行探索学习的时间，同时还要关注这两类活动的融合与转换。

课程内容的选择和设置有三个原则：既适合幼儿的现有水平，又有一定的挑战性；既符合幼儿的现实需要，又有利于其长远发展；既贴近幼儿的生活实际，选择幼儿感兴趣的事物和问题，又有助于拓展幼儿的经验和视野。

课程内容的设置需要根据教育目标，拟定具体的活动纲要，如考虑组成单元的系列活动具体有哪些，内容是什么，涉及哪些教育领域，每个活动可能有助于达到哪些单元总目标。如果总目标中的某些条目没有对应的活动，就必须考虑增加相应的内容。将课程分解为具体的活动纲要有三种主要的方式：第一种是知识要素分解（见图5-2）；第二种是按领域特征分解（见图5-3）；第三种是基于多元智力理论的能力发展分解（见图5-4）。知识要素分解模式主要是围绕主题相关的信息寻找各类教育资源，然后按相关性分类整合。这种模式比较直观而且内容全面，但容易以教师为主设置教育活动。第二种以五大领域为单位分解内容，以目标导向梳理教育资源，其过程考虑了幼儿各种能力发展的需要，对教育资源进行了有的放矢的筛选，但是需要合理编排各内容点之间的逻辑关系；第三种方式设置的教育内容最完整，同时考虑了儿童多元智力发展的需要和领域教学之间的关系，但对教师的课程预设能力要求较高，同时缺少对目标递进关系的表述。

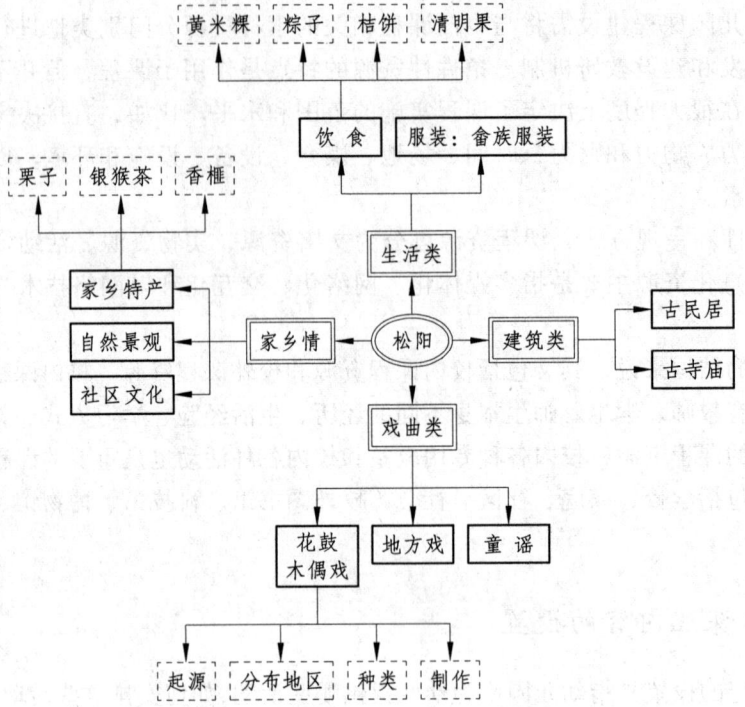

图 5-2 课程"认识家乡'松阳'"内容网络图

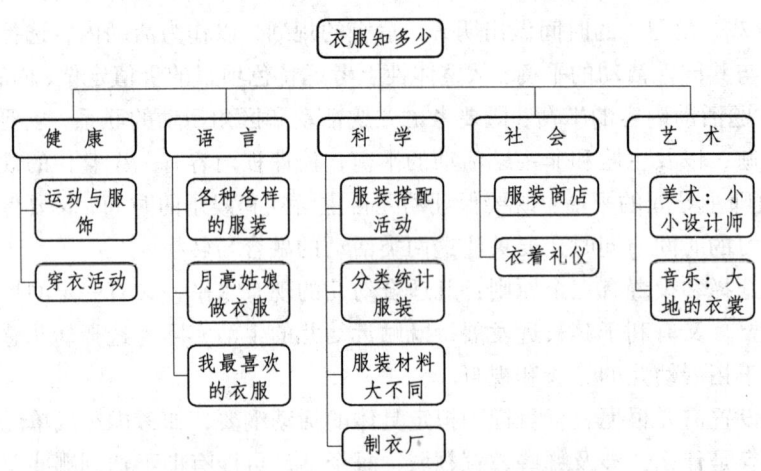

图 5-3 课程"衣服知多少"内容网络图

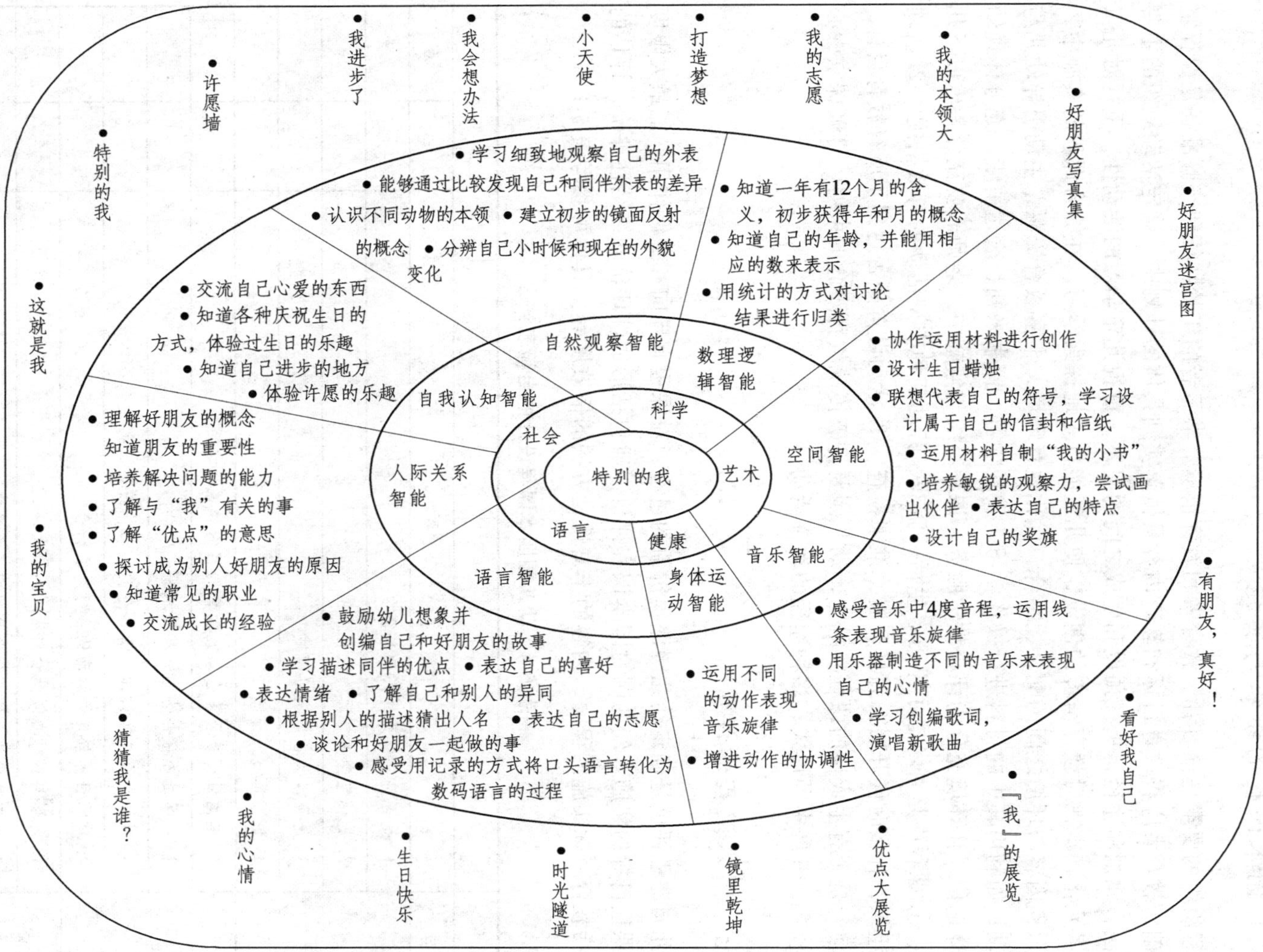

图 5-4 课程"漂亮的新衣服"内容网络图

总之，要坚持内容整合的原则，围绕幼儿的活动来设计活动程序，合理分配活动时间，有效呈现活动内容，还应注意教学环境的创设。

（六）园本课程的组织与实施

课程组织的要素是学习者、教育者和教育情境。学习者的年龄特征和经验准备是课程组织的基础，教育者应将教育目标和教育内容具体落实到具体的计划中，确定活动组织的主要方式方法、原则和途径，重视预设和生成之间的关系，重视儿童学习的活动性，重视对儿童评价的多元化，重视对教育情境的创设，使儿童能自主地探索学习。在综合课程的实施中，要注意课程内容与环境之间的配合、结合，优化教育环境，丰富教育资源，主动引导幼儿与环境互动，如利用其中的材料进行操作学习、发现学习、探索未知、表达情绪，充分体现幼儿的主体地位，让环境充分为课程教学服务。课程组织与实施中，老师需要充分考虑以下几个问题：① 课程中是否考虑了学习、生活、游戏、劳动四种类型活动的有效搭配？② 活动由谁来组织，什么时候开展，怎样开展，谁来检查？③ 活动设置是否达到了所有教育目标，效果如何？是否有生成性的课程？总之，幼儿园要打破传统教育观念的束缚，打破课堂中心的教学模式，开展多种形式、多种途径的教育活动。

（七）园本课程的评价

幼儿园课程评价是确定幼儿园课程价值的过程，对课程有导向和督促作用，能最大限度地保障课程目标的实施。幼儿园对园本课程评价一般包括形成性评价和终结性评价，评估的内容包括教育目标实施的程度、内容的丰富性、方法的信效度等。具体可参考表 5-1。

表 5-1 幼儿园园本课程设计的自检表

单元名称		活动班级		
项目	内容		是	否
主题的选择	1. 是否符合幼儿的兴趣与需要			
	2. 是否包含多方面的教育价值			
	3. 是否涉及各个学习领域			
	4. 是否具有可行性			
目标	1. 单元目标是否符合幼儿教育的目的和课程总目标			
	2. 目标是否符合幼儿的发展水平			
	3. 目标是否包含认知、情感态度、动作技能三大教育目标领域			
	4. 单元目标与具体活动的目标是否吻合			
内容	1. 内容与目标之间是否对应			
	2. 内容是否符合幼儿的发展程度（难易度）			
	3. 内容是否符合幼儿的兴趣与需求			
	4. 内容是否包含主要课程领域			

续表

单元名称		活动班级		
项目	内容		是	否
内容	5. 内容是否动静态的活动均顾及			
	6. 内容是否注意到季节性与地方性			
	7. 内容是否注意到文化的传承与介绍			
	8. 内容是否潜在地含有歧视倾向（性别、文化、阶层、种族等）			
方法	1. 采用的教学法是否能充分反映内容的特质			
	2. 教学方法是否符合幼儿的学习方式和特点			
	3. 活动流程的转换是否合宜			
	4. 教具或资源的使用是否合宜			
	5. 对活动过程中可能出现的问题是否有所准备			

五、幼儿园教研活动管理

教研活动有利于提高教育质量和教师的业务水平，同时能激发教师的敬业精神。幼儿园的教研活动要立足于自身实际解决保教中的具体问题，注重为教育教学改革服务，而不是进行纯粹的理论研究。

（一）教研活动的形式

常见的教研活动有业务学习、交流活动、集体备课、研讨问题、创编活动等。业务学习的内容主要包括国家的教育政策、方针和有关的法律，幼教方面的政策、理论及发展动态等。交流活动可采取多种形式，如观摩课、交流学习体会、专题讨论、竞赛等。交流活动要注意信息的多元化，既可"走出去"，也可"请进来"。在集体备课方面，可以发挥同课异构的作用，发挥集体力量解决教学中的重点、难点；也可以促使老带新，起到传、帮、带的作用。研讨问题，主要是针对教育实践中遇到的热点、难点问题，主动地寻找各种材料，由此产生一系列针对性极强的科研课题。最后一个环节，创造、编写教材，设计教学活动时，幼儿园可针对教材中的不足，集合本园或本班幼儿的特点，自行编写一些内容对教材进行补充。

（二）教研活动的组织

教研活动组织有三个层次：园长层、教研组层、教师层。园长层是决策层，教研组层是计划层，教师层是执行层。教研组在组建过程中，可以按幼儿年龄班组为单位划分教研组，称为年级组，也可以按学科领域为单位划分，称为学科组，还可以按教师工作时间为单位划分为上午班组和下午班组，亦可以根据幼儿园实际问题解决的需要，设置专题教研组。此外，为了促进各幼儿园间的竞争和共同发展，还可以建立园际教研组。教研组的组建可灵活多样，一般 8~10 人，有 1~2 名组长，通过制度建设、计划执行、行动研究实施和活动总结完成教研活动。在执行过程中，要重视对教师的激励，并最终汇编成果，切实为教育教学服务。

任务三　开发园本课程方案

【任务描述】

情境 1：本土化课程

情境 2：生活化课程

情境 3：情景化课程

情境 4：特色化课程

情境 5：时代性课程

根据幼儿园实际，小组任意选择一个情境[1]，设计完成一份园本课程开发方案。

【任务模板】

幼儿园"×××"园本课程开发方案

一、课程背景

1. 幼儿园基本情况[2]

例如，我园办园时间短，教师的师资发展不均衡，个体差异较明显，缺少专家型教师引领。因此，教师的理念和行为与课改所要求的理想行为之间存在一定的距离。在近几年我园不断反思，努力创设机会向各幼儿园学习，本着"走出去，带回来"的理念，逐步在我园形成良好的教研氛围，园级骨干教师不断涌现，并逐步成为园骨干力量。

2. 优势资源[3]

例如，我园充分利用教育教学资源，结合我园实际，将语言教学作为我园的特色。依据我园三年发展规划，本学年我们将乡土田园特色作为重点，发挥教师特长，让教师在学习、实践、反思、提炼的过程中，逐步对乡土田园课程有了初步的理解和认识，也积累了许多对幼儿进行语言教育的有益经验。

二、课程理念[4]

例如：为贯彻落实《幼儿园教育指导纲要（试行）》精神，结合上级其他文件精神要求，充分发挥幼儿园对课程管理的自主性，结合本园特色，我园自主开发符合本园的园本课程，彰显了我园教师的课程研究、开发和管理能力。对幼儿实施表达教育是语言教育的一种形式，其意义重大，我们将重点指导幼儿认识表达的对象、丰富表达内容、完善表达的方式，促使幼儿成为一个愿意讲话并能清楚表达的个体。

三、课程目标

1. 总目标[5]

例如，课程发展目标：以多元智能理论为依据，关注幼儿一日活动，从"学习、运动、游戏、生活"四大块出发，聚焦课程素材，实践研究幼儿多元化的课程模式，打造表达教育特色品牌，最终成为具有表达教育特色的优质幼儿园。

课程培养目标：以《幼儿园教育指导纲要（试行）》精神和多元智能理论为依据，以多元表达教育为特色，促进幼儿情感、态度、认知能力等方面的发展，使幼儿成为健康活泼、好奇探究、文明乐群、亲近自然、爱护环境、勇敢自信，有初步责任感，以及敢于表达、乐于表达和善于表达的儿童，为其后继学习和终身发展打下坚实的基础。

教师成长目标（略）

2. 分类目标

（1）敢于表达。

用语言向老师和同伴表达自己的要求与愿望。

在集体面前敢于表达、表现。

在集体中会提出问题，讲述自己的看法。

敢在陌生的环境中进行表达与表现。

在表达、表现时能承受压力，有自信。

（2）乐于表达（略）。

（3）善于表达（略）。

四、园本课程资源[6]

例如，课程提供的材料分层分级，课程提供给幼儿阅读的64篇故事、64首诗歌分8个级别呈现，分别适用于幼儿园小、中、大、学前班上下8个学期。每个级别分别提供8册小图书。

五、课程内容及设置（重点）[7]

1. 幼儿园课程内容网络图（略）

2. 课程内容说明（略）

六、课程组织与管理

1. 计划（略）[8]

2. 实施方式[9]

例如，幼儿园园本课程的实施主要通过幼儿在园的生活、学习、劳动、游戏四大类活动，以及活动室活动和组织竞赛活动进行。首先，在共同性课程中渗透表达；其次，在选择性课程中强化表达。（具体安排略）

七、课程评价[10]

例如，本课程采用的评价方法是分阶段评价，与课程目标、阅读材料紧密结合，主要是评价幼儿在"会阅读、能创编、善表演"这几个目标上是否达到要求。

【指导要点】

[1] 任务情境是课程设计的策略，需把握各种策略与特点，合理安排主题。

[2] 幼儿园基本情况，包括历史背景、园本文化、师资力量、幼儿需求、课程改革研究背景等信息。

[3] 从课程建设的角度，分析课程建设的各种优势资源，包括教育基础、资金力量、家长情况、社区资源等信息。

[4] 在新课程改革形势下，课程理念发生了转变。强调"以人为本""以学生的发展为本"。开发型的课程观是建构现代化课程体系的必然选择，因此，强调课程的预设性和生成性，包括对课程中师生关系的描述，强调支持合作、共同探究的关系。在教学目标的设计上强调"三维目标"的整合，即知识技能、过程与方法、情感态度和价值观。回归生活、尊重儿童是新课程改革的必然归属。

[5] 课程总目标一般是整体的规划和设计，比较概括。分类目标能体现对总目标的分解，各分类目标之间体现层层递进的关系；或者分目标之间有并列关系，分目标中子目标间是递进关系。围绕主题进行内涵式解读是目标设置的基础，目标设计的依据还有幼儿实际和年龄特征、国家法规等。

[6] 资源建设是多元的，具体参考理论部分的相关知识。此外，课程资源也可以分门别类地进行表述。

[7] 课程内容设计，具体参考理论部分的相关知识。

[8] 课程计划的设置在后一章将专门阐述，这里省略。

[9] 实施方式是对园本课程的活动形式进行描述，一般包括生活、学习、游戏和劳动四种类型，此外还涉及区角活动、户外活动、社区活动等，活动形式要丰富。此部分还可以阐述一些新的教学方法、教育教学的策略、教学手段等内容。

[10] 课程评价一般包括评价的内容、评价主体、评价指标、评价方式等信息，评价指标建议根据年龄阶段细化。

项目六　幼儿园时间管理

时间管理是指通过事先规划和运用一定的技巧、方法与工具对时间加以灵活有效安排，从而实现个人或组织的既定目标。管理者应抓住时机，珍惜时间，力求在有限的时空内获得最大的效益，创造出更多的价值。本项目从时间管理的角度，探讨班级管理的时效性，以提高班级管理工作的质量。

任务一　时间都去哪了？

【案　例】

1. 某幼儿园新手老师 A 老师自述：

班里的事情我都能做好，却觉得总是做不完，压力很大，马不停蹄就是我工作一天的感受。特别是上早班、下午又要带小组活动时，真的很累。早晨 7：30 到幼儿园，我一个人要负责户外活动、集体教学活动和区角活动等。中午要照看孩子吃饭，然后我自己吃饭。孩子午睡时，幼儿园有时要开各种会议，有时我们利用这段时间抓紧布置教室环境。孩子起床之后，要照顾他们吃点心。接下来，我又要负责下午的小组活动。最后，三十几个孩子开始换衣服，我要帮他们一个个穿裤子。好不容易等到家长陆续来把孩子们接走，教室里乱乱的，我又必须把第二天一早要使用的区角布置起来。每天感觉时间都不够用，这种感觉真是糟透了！

2. 某幼儿园骨干教师 B 老师自述：

幼儿园班级的总体工作就那么几项：生活活动、游戏活动、集中教育活动等，关键是做好计划安排，什么时间干什么事心里得有数，得抓住重点。早上入园后安排早操、区角活动，然后组织一次集中教学活动，再接着根据情况安排户外活动，稍事休息就可以午餐午休了。下午的时间更短，进行一次集中教学活动后，再带孩子进行户外游戏，然后进行区角游戏以等待家长来接孩子。每天的工作内容和流程大体上是一样的，加上还有配班老师和保育员老师的协助，工作还是很轻松的，时间也比较充裕。

【原因解析】

导致 A 老师工作忙乱的原因：

1. 工作重心不明确

幼儿园教师的班级日常管理工作比较烦琐、零碎，包括班级的生活活动组织、游戏活动的设计与开展、集中教学活动的组织实施、班级环境的创设、家长工作等。幼儿园新教师还处于熟悉、摸索幼儿园工作的阶段，他们应对实际工作的能力往往较低，对工作流程和重心不够熟悉，不能很好地做出安排，导致工作效率不高。

2. 工作计划不明晰

A老师用"马不停蹄"来形容自己的一日工作，而且工作上的繁忙并没有给她带来成就感，反而使她对工作感到倦怠。而B老师对每日计划熟稔于心，对工作流程很熟悉，能实现一日工作程序化，工作起来自然觉得"轻松"。

可见，导致两位老师对班级管理不同评价的原因不是会不会做这些事情，而是如何安排好这些事情。

【任务反思】

1. 同样的幼儿园班级管理工作，为什么有的老师觉得"糟透了"，有的老师觉得"很轻松"？
2. 幼儿园的班级管理工作的内容是什么？
3. 不同的年龄班在进行班级管理时有什么各自不同的任务？
4. 幼儿园的班级管理工作的环节是什么？
5. 如何提高幼儿园班级管理的时效性？
6. 如何制订幼儿园班级管理计划？

任务二　幼儿园班级管理的时效性

幼儿园班级是对3~7岁的幼儿进行保教活动的基本单位，是由幼儿和保育人员共同组成的学习集体。幼儿园班级是幼儿园的基层组织，是实施幼儿园的保教任务、实现教育目标的基本单位。

通过前面的学习我们知道，幼儿园保教工作管理是整个幼儿园管理工作的核心，也就是说，保教工作是幼儿园工作的中心任务，保教工作的质量反映幼儿园的水平，直接影响到幼儿园的教育质量。班级是幼儿园的细胞，是保教任务得以落实的基本单位。作为幼儿园管理的基本层次，班级管理就是幼儿园管理的核心工作，班级管理的科学性和时效性直接决定了幼儿园的整体管理水平。班级保教工作的管理首先面对的是时间管理。应建立科学的幼儿生活作息制度，合理安排保教工作人员一日工作时间和幼儿园一周活动时间。

一、幼儿园班级管理的内容

为了实现幼儿园的保育和教育目标，幼儿园的班级管理体系必须包括合理而完备的管理内容。幼儿园班级管理要求协调好班级保教人员、幼儿及其他管理要素之间的关系，明确幼儿园班级管理的任务，对与班级幼儿保教工作有关的人、财、物进行合理组织和协调。按幼儿在园活动分类，幼儿园班级管理一般分为生活管理和教育管理两方面，其他管理工作（如班级间交流管理、家庭教育管理等）服务于幼儿的生活、教育管理工作。

（一）生活管理内容

1. 学期初的幼儿园班级生活管理内容
（1）填写班级幼儿名册和幼儿家庭情况登记表，明确家长联系方式。
（2）家访并调查幼儿家庭教养情况，初步了解幼儿生活习惯，做好记录。
（3）安排幼儿个人用床、衣柜、毛巾架、水杯格，写上姓名并做好便于幼儿识别的标记。
（4）初步布置活动室环境，如安排室内器物、准备活动设施等。
（5）观察幼儿一日生活的言行举止，并记录分析。
（6）依据对幼儿一日生活表现的观察分析与家访调查，制订班级幼儿生活管理计划与措施。

2. 学期中的幼儿园班级生活管理内容
（1）每日做好幼儿上下午来园、离园的交接记录。
（2）每日保管好幼儿生活用品。
（3）每日做好班内外幼儿活动场地的清洁工作和各项设备的安全检查工作。
（4）每周对活动玩具进行消毒，更换生活用品。
（5）每周检查班级幼儿生活管理计划的实施情况。
（6）每周初，班级教师碰头，总结上周经验，调整本周幼儿生活管理工作的内容与措施，分工负责。
（7）观察幼儿生活行为，记录好其表现。
（8）对幼儿计划免疫、疾病、传染病情况做登记。
（9）对体弱幼儿的生活护理。

3. 学期末的幼儿园班级生活管理内容
（1）汇总平日对幼儿生活表现的记录。
（2）总结班级幼儿生活管理工作，找出成绩与问题。
（3）向家长发放《幼儿在园生活情况小结》，指导家长对幼儿假期生活的管理。
（4）整理室内外环境，对集体用品、材料进行清点登记。

（二）教育管理内容

幼儿园班级教育管理即班级保教人员对班级幼儿进行调查研究，对教育过程精心设计组织，对教育结果进行细致评价的一系列工作活动。幼儿园班级教育管理对明确幼儿教育目标、优化幼儿教育方法、保证幼儿教育效果起到了非常重要的作用。

1. 学期初的幼儿园班级教育管理内容
（1）结合家访和对幼儿的观察分析，完成对班级幼儿发展水平的初步评价，并做好分析记录。
（2）根据幼儿情况及班级条件，制订详细的幼儿教育计划，包含阶段性的班级教育教学目标及完成进度的日程安排。

（3）根据教育教学计划，征集或领取幼儿的绘画材料、手工材料、卡片、游戏工具等，预先设计好幼儿作品的存放处和幼儿教育档案，布置好班级教育教学的小环境（如墙壁、器物的装饰等）。

（4）班级保教人员共同确定各项教育活动的组织形式、制定基本常规，建立班级教育活动的运转机制，带领幼儿熟悉环境，认识工作人员，了解基本的班级情况及管理常规，初步建立师生友好、协调的关系。

2. 学期中的幼儿园班级教育管理内容

（1）每日工作：准备好当日教学所需材料，对前一阶段的知识进行复习，保证教育教学的连贯性。

（2）每周工作：制订每周活动安排及每日教学计划，做好教具、学具材料的搜集和制作工作。

（3）每月工作：月初制定好每月教育目标，安排教学活动的进度。召开班级教师会议，研究班级教育工作的具体内容和措施，协调分工与配合。做好对个别幼儿的教育计划并修订措施。月末整理各种教育材料与资料。根据教育内容适当调整活动室安排，布置更新环境。

3. 学期末的幼儿园班级教育管理内容

（1）整理教育活动方案、教育笔记和幼儿作品档案。

（2）做好幼儿全学期的评估工作，写好幼儿发展情况及表现小结。

（3）完成教师自身的评估，总结个人教育目标的实现、教育方法的运用情况。

（4）完成教育活动剩余材料的清点与登记工作。

二、幼儿园各年龄班的管理

（一）小班管理

1. 帮助幼儿顺利度过入园适应期

幼儿从家庭到幼儿园，离开熟悉的生活环境、熟悉的亲人，他们会在一定时间内产生分离焦虑。这也是他们第一次真正走入社会、融入集体，接受初步的、正规的全面发展的教育。因此，必须通过入园前的家访、家长会、参观幼儿园、家园联系等活动，与家长共同配合，让孩子乐意来幼儿园，愿意和教师、小朋友来往，喜欢班级里的物品。

2. 建立良好的常规

小班是进行常规教育的关键期。良好的常规可以让幼儿的一日活动非常有规律，既可以使幼儿身体健康，又能让幼儿积极参加活动，有利于幼儿良好生活、行为习惯的养成，还便于教师组织好各类活动。

常规内容包括来园活动常规、盥洗活动常规、进餐活动常规、教育活动常规、散步活动常规、睡眠活动常规、离园活动常规等。良好的常规需要班级管理人员共同创设，可采用示范、奖励、讲故事、念儿歌等多种方式对幼儿进行反复训练，巩固练习。对个别幼儿可进行个别教育。

（二）中班管理

1. 帮助幼儿建立良好的"亲社会行为"

亲社会行为是指一种积极良好的、对他人有益的行为，包括合作、分享、助人、谦让、同情等。

在中班期间，个别幼儿在班上爱"惹是生非"，影响正常的常规和秩序。他们有时会出现打人、咬人、抓人、抢别人的玩具等攻击性行为，让教师和家长都感到很头疼。对幼儿而言，攻击性行为的发生，主要是由于遭受挫折时显得焦躁不安，或者由于任性、自私等不良习惯。因此，我们应充分了解形成攻击性行为的原因，有针对性地进行教育。中班幼儿还有爱告状的习惯，原因是他们具有自我中心的特点，不善于站在他人的角度和立场思考问题，不能理解别人的心情。同时，由于他们没能很好地掌握必要的社会交往技能，不能友好协商解决问题，只能通过告状来寻求成人的帮助。

可见，中班的班级管理者必须加强学习，充分理解、掌握幼儿的身心特点，掌握科学的教育观、儿童观，耐心细致地教育幼儿，创设良好的教育环境，给幼儿营造宽松、友好的氛围，建立良好、平等的师生关系，教给他们必要的社会交往技能，帮助他们建立亲社会行为。

2. 做好生活常规的管理

随着年龄的增长，幼儿骨骼肌肉和神经系统不断发展，他们的动作也相应地得到了发展，他们自我服务的愿望和要求也日趋强烈。在教师的引导和帮助下，中班幼儿的自我服务能力得到了进一步增强。因此，在小班养成生活常规的基础上，通过行为练习、榜样示范、及时鼓励等多种方法，重点培养他们养成良好的卫生习惯、进餐习惯、睡眠习惯以及基本的生活自理能力。

3. 搞好教育常规的管理

班级需要良好的教育常规来促进幼儿个体的全面发展。这就需要班级教师根据幼儿的年龄特点，制订合理的班级幼儿行为规则，对幼儿的行为进行外部约束，使之趋于规范。中班幼儿的行为规则包括幼儿一日活动作息制度、幼儿行为规范、值日生制度、活动区规则等。

（三）大班管理

1. 做好入学准备的引导

在大班期间，教师应注意继续培养幼儿的自我管理能力，与家长携手培养幼儿自己的事情自己做、自己管理好自己的物品、自己照顾自己的能力；注重幼儿独立能力、动手操作能力的培养；培养幼儿树立遵守规则、完成任务的意识；使幼儿养成按规则进行活动、专注做事的习惯；通过参观小学、体验小学的教育活动，帮助幼儿了解、熟悉小学的学习环境，熟悉小学的作息制度，激发幼儿当小学生的情感。

2. 进一步加强生活常规的管理

在大班期间，幼儿良好的生活常规主要包括良好的饮食、睡眠、盥洗和排便等习惯，知道自身安全、保持身体清洁和仪表整洁。在日常生活中有良好的行为习惯，如说话有礼貌，能与人友好交往等。

3. 注重教育常规的管理

继续抓好小、中班以来形成的各项教育常规，同时逐步引导幼儿向小学的教育常规过渡，做好进入小学的衔接准备。

三、幼儿园班级管理的环节

管理过程是一个动态的过程。任何一个运动的过程，都可划分为几个组成部分，这些部分在管理学中称为"环节"。美国管理学家、统计学家戴明提出管理过程中的"戴明环学说"，认为管理过程是由计划—执行—检查—总结四个环节构成的。也就是说，幼儿园的班级管理过程也应该由这样的四个环节组成。做好每个环节的工作，必然能提高班级管理的时效性。

（一）计　划

计划是管理活动的起始环节。计划阶段的管理活动包括制定方针目标、规定任务、安排活动项目和设计方法步骤。

幼儿园班级工作计划是班级管理者为班级的未来确立目标并提出达到这一目标的方法和步骤的管理活动。班级工作计划应该由班主任负责，全体保教人员共同参与制订，主要包括班级情况分析、班级工作目标、实施措施和重要工作安排等。

班级工作计划是班集体行动的纲领，对班级管理工作的开展有领先、预见和调控作用，能提高工作效率，保证班级管理科学有序地进行。因此，班级工作计划的制订具有重要意义。

1. 幼儿园班级工作计划的依据

（1）园务工作计划。制订班级工作计划前，班主任一定要详细了解园务工作计划，要准确把握幼儿运动会、家长开放日等全园性重大活动的时间。一方面，将这些活动直接安排到班级工作计划之中；另一方面，可将与之相关的一些班级工作安排在这些重大活动前后。这样，不仅能使班级工作与幼儿园工作在时间上保持一致，而且在内容上相互配合，有利于计划的顺利执行。

（2）班级的实际情况。班主任要全面分析班级的基本情况，包括班级整体情况、幼儿的思想状况、身心发育特点等。

（3）教师及其他条件。制订计划时，班主任要分析本班保教队伍的业务能力、文化素养、工作态度、专业水平等。

2. 幼儿园班级工作计划制订的程序

（1）分析班级管理工作现状。教师在制订班级管理计划之前应通过多种途径，对本班前一阶段的工作状况做一个比较全面、系统的调查，并在调查的基础上做出深入、细致的分析。主要内容包括已经取得的成绩和实际存在的问题。分析主要从以下几方面进行：幼儿发展的情况、教师发展的情况、保教工作完成的情况，以及家园共育、社区教育、教研的情况等，在分析的基础上制订出切实可行的班级管理计划。

（2）明确班级工作目标。在分析班级工作现状的基础上提出各项工作的具体目标。主要包括幼儿发展、教师发展、保教工作日常管理、家园社区、教研等几方面，每一项工作在学期中都要有一个比较明确的近期目标，目标要具有可操作性，要与全园各项工作目标一致。

（3）提出具体措施。根据各部分近期目标和重点任务，提出实现目标的具体措施，运用多种形式和途径，保证班级各项工作的完成。

（4）列出逐月工作安排。根据每个月的日常工作和重点工作，将前面所提到的措施细分到每一个月份中，甚至可以细致到每一周之中，以保证总目标和各项保教工作的近期目标在每个月份中的具体落实，达到目标层层落实的目的。逐月安排通常使用表格的形式表述，这样条理清楚，不易落掉某项工作内容。

3. 幼儿园班级工作计划的构成

（1）学期计划。
（2）月计划。
（3）周计划。
（4）日计划。

（二）执 行

班级计划的执行，一般要经过以下几个阶段：

（1）传达布置。把班级计划传达给每一位教师，使他们明确工作计划的目标、工作重点、步骤安排等。这实际上是统一思想的过程，目的是使教师了解工作的意图，明确制订工作计划的意义，从而自觉执行工作计划。

（2）落实责任。把班级工作计划的要求、职责、任务等分解落实到每一个人，使大家各司其职、各负其责，从而保证计划得到落实。

（3）加强协调。为保证班级工作计划的实施，保教人员要加强协调配合。

在执行计划的过程中要注意，计划是事先预想出来的，它与实际情况还有一定差距。况且现实也在不断变化，这就要求教师在执行计划时，要注意班级发生的各种情况，及时分析、及时解决，对计划做适当调整。

（三）检 查

检查工作是否按计划执行，执行的效果如何，是否达到目标，有无偏差，找出具体原因。检查可以采取领导检查与教师自查结合的方式进行。

（1）检查落实情况。对照既定计划逐条进行检查，看看计划与落实情况有没有差距，若有，分析原因是什么。一方面，园所领导者、管理者要深入班级进行检查、督促、指导，帮助教师在班级管理实践中端正教育观念，改进教育方法。另一方面，教师要对照计划进行自查。通过自我反馈，检查工作效果，找出存在的问题与不足，并分析原因，为改进工作提供依据。

（2）分析计划的可行性。计划执行后，对计划制订得合理与否，要有进一步的看法，包括班级的环境状况，活动设计的程序、安排是否合理，活动时间安排是否符合幼儿身心发展规律。从而为下一个周期计划的制订提供依据。

（四）总 结

教师每学期应对自己的工作做较全面的总结。在各个阶段，也可以做一些小结。教师通过总结，可以吸取经验教训，探索班级管理规律。在总结中要注意以下问题：

（1）实事求是。总结要肯定主要成绩，发现存在的问题，弄清哪些是本质的、必然的、经常出现的现象，哪些是非本质的、偶然的、暂时的现象，并做出恰当的分析。既不要虚假夸大，也不要过于自谦。

（2）分清主次。在进行班级管理总结时，不要"眉毛胡子一把抓"。要在分析的基础上进行归纳、概括，找出有规律的东西。切忌罗列现象，报流水账。

（3）注意积累经验。总结是对前面工作的分析和述评，教师应不断地积累，为今后的工作奠定基础，同时也可以为开展科研活动积累素材。

四、提高班级管理的时效性

（一）实现一日工作程序化

明确的生活制度和常规是幼儿园保教人员一日工作程序化的前提。常规是管理的手段，幼儿生活制度的建立和常规的建立，是集体保教幼儿的需要。常规对于保教人员而言，是保证正常保教秩序的前提，有助于创建良好的工作环境，提高工作效率。常规本身也是教育的重要手段。教师在执行班级管理计划的过程中，要注重对幼儿的常规培养，将道德教育与日常生活教育结合起来，逐步培养幼儿良好的生活卫生习惯，促使其掌握生活知识和技能，增强行为的目的性和意识性，发展自律能力，培养集体意识等。安排幼儿园的一日生活流程时，大的环节上要保持相对稳定，同时要避免像小学生的作息时间那样机械呆板，应当有一个有序灵活的作息时间表，按照时间表进行，实现一日工作程序化。

（二）分清工作的轻重缓急

在工作中，不少人习惯先做喜欢做的事，然后再做不喜欢做的事；先做熟悉的事，然后再做不熟悉的事；先做容易的事情，然后再做难做的事；先做只需花费少量时间即可做好的事，然后再做需要花费大量时间才能做好的事；先做有趣的事，再做枯燥的事。而更多的人会按照事情的紧急程度来衡量事情的重要程度，认为越紧迫的事，其重要性越高；越不紧迫的事，其重要性越低。但是在很多情况下，越重要的事偏偏不紧急。如果我们按事情的"缓急程度"办事的话，不但会使重要的事情的实行遥遥无期，而且经常会使自己处于危机或紧急状态，最大的恶果是使原本重要不紧急的事转化为既重要又紧急的事。

科学的时间管理原则是，利用有限的时间，高效率地完成至关重要的工作。任何工作都有主次之分，如果不分主次地平均使力，在时间上就是一种浪费。对待关键事情和主要工作，我们要用全部精力将其做到最好。所以，处理事情优先次序的判断依据是事情的"重要程度"，即对实现目标的贡献大小，而非事情的"紧急程度"。

幼儿园的班级管理工作中，事情种类繁杂，更要求教师要分清轻重缓急，设计优先顺序，把主要的时间和精力放在最具有"生产力"的工作上。我们可以采用有名的"时间管理四象限"法来分类处理各类工作，如图 6-1 所示。

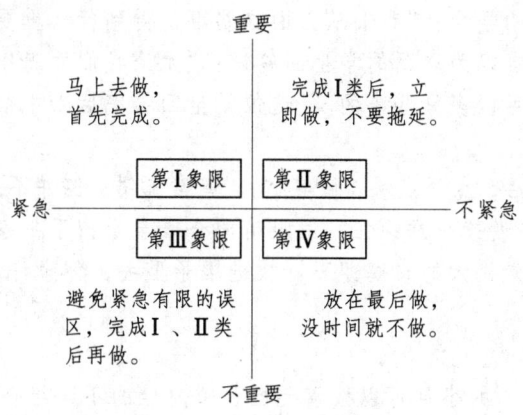

图 6-1 时间管理四象限

（1）第一象限是重要又急迫的工作，这类工作必须马上去做，首先完成。

（2）第二象限是重要但不紧急的工作，这类工作完成的期限相对较长，但早点完成可以减少工作压力，应该在第一象限的工作完成后立即就做，不要拖延。

（3）第三象限是紧急但不重要的工作，要避免陷入紧急优先的误区，应在完成第一、二象限的工作后再做。

（4）第四象限属于不紧急也不重要的工作，如一些琐碎的事情，一些无关紧要的电话邮件。这些应该放在最后做，如果没有时间就不做。

总之，把当前的所有工作分类后，用 80%的精力和时间去做能带来最高回报的第一类工作，而用剩余的时间和精力去做二三四类工作，这样分清主次，把主要精力放在最重要的事情上，就能轻松解决工作中出现的问题。

【拓展阅读】

时间管理的故事

在一次上时间管理的课上，教授在桌子上放了一个装水的罐子。然后又从桌子下面拿出一些正好可以从罐口放进罐子里的"鹅卵石"。

教授把鹅卵石全部填满罐子后问他的学生："你们说这罐子是不是满的？"

"是。"所有的学生异口同声地回答说。

"真的吗？"教授笑着问。然后再从桌底下拿出一袋碎石子，把碎石子从罐口倒下去，摇一摇，再加一些，再问学生："你们说，这罐子现在是不是满的？"这回他的学生不敢回答得太快。最后班上有位学生怯生生地细声回答道："也许没满。"

"很好！"教授说完后，又从桌下拿出一袋沙子，慢慢地倒进罐子里。倒完后，于是再问班上的学生："现在你们再告诉我，这个罐子是满的呢，还是没满？"

"没有满！"全班学生这下学乖了，大家很有信心地回答说。

"好极了!"教授再一次称赞这些"孺子可教"的学生们。称赞完了后,教授从桌底下拿出一大瓶水,把水倒在看起来已经被鹅卵石、小碎石、沙子填满了的罐子。当这些事都做完之后,教授正色问他班上的学生:"我们从上面这些事情得到什么重要的启示?"

班上一阵沉默。一位自以为聪明的学生回答说:"无论我们的工作多忙,行程排得多满,如果要逼一下的话,还是可以多做些事的。"这位学生回答完后心中很得意地想:"这门课到底讲的是时间管理啊!"

教授听到这样的回答后,点了点头,微笑道:"答案不错,但并不是我要告诉你们的最重要信息。"说到这里,这位教授故意顿住,用眼睛向全班学生扫了一遍说:"我想告诉各位最重要的信息是,如果你不先将大的'鹅卵石'放进罐子里去,你也许以后永远没机会把它们再放进去了。"

启示:

1. 对于工作中林林总总的事件可以按重要性和紧急性的不同组合确定处理的先后顺序,做到鹅卵石、碎石子、沙子、水都能放到罐子里去。

2. 对于人生旅途中出现的事件也应如此处理,也就是平常所说的处在哪一年龄段要完成哪一年龄段应完成的事,否则时过境迁,到了下一年龄段就很难有机会补救。

任务三 制订幼儿园班级管理计划

【任务描述】

幼儿园班级管理过程由计划、执行、检查、总结四个环节构成。做好每个环节的工作,必然能提高班级管理的时效性。在这四个环节中,计划是整个管理过程的开端,因此,计划的科学性直接决定了管理的效果。作为幼儿教师,对班级实施管理,首先应该在学习园务工作计划的基础上,制订班级管理工作的长期、中期和短期计划。

本项目的学习任务为:制订幼儿园班级管理计划。

情境一:学期计划

【任务模板】

××幼儿园××学年××班班级工作计划

班主任:×××　　配班老师:×××　　保育员:×××

一、班级情况分析

1. 班级总体概况[1]

2. 幼儿发展情况[2]

二、主要工作任务和措施[3]

1. 保育和教育[4]
2. 教研和科研[5]
3. 家长和社区工作[6]

三、各月工作安排[7]

月　份	重要工作	责任人
如：9月	1. 幼儿入学工作。 2. 班级家长会。 3. 主题活动：我爱幼儿园、我爱老师	×××
×月	1. 2. ……	×××
……	……	……

情境二：月计划[8]

【任务模板】

××幼儿园9月班级工作计划表

班级：小一班　　教师：×××　　时间：××××年9月

本月教育 重点[9]	1. 稳定幼儿的情绪，缓解分离焦虑。 2. 引导幼儿逐步适应幼儿园一日活动常规。 3. 通过主题活动"我爱幼儿园、我爱老师"，引导幼儿逐步适应集体生活，让幼儿感受教师节的氛围，激发幼儿爱教师的情感。 4. 学做模仿操，乐于参与体育活动
常规 教育[10]	1. 熟悉幼儿园的一日生活。 2. 培养幼儿拿小勺独立进餐的能力，逐步按要求饮水、盥洗、如厕、睡眠。 3. 集体教育活动中保持安静。 4. 组织幼儿玩集体游戏，体验集体游戏的乐趣
家长工作[11]	1. 召开家长会[12]，介绍本学期工作重点及幼儿发展目标。 2. 拟订新入园幼儿情况调查表，向家长进行问卷调查。 3. 请家长为幼儿准备好必要的学习、生活用品。 4. 在入园离园环节与家长交流，了解每位幼儿的兴趣和爱好，以及家长的需求。 5. 创设家园共育栏，让家长了解幼儿在园情况，宣传科学育儿知识。 6. 建立班级QQ群，邀请全体家长加入
主题活动[13]	开展"我爱幼儿园、我爱老师"主题活动
环境创设[14]	班级树、教师节活动墙饰

续表

五大领域发展要求预设[15]	健康	1. 能高高兴兴上幼儿园，了解、熟悉幼儿园的生活。 2. 能用小勺独立进餐，逐步按要求饮水、盥洗、如厕、睡眠。 3. 引导幼儿学会上体直立、一个跟着一个走，能听信号走路。 4. 对体育活动有兴趣，能参加做操、游戏等活动
	语言	1. 能用普通话进行语言交流。 2. 注意倾听别人说话，理解谈话的基本内容，初步养成良好的倾听习惯。 3. 能听懂成人和同伴的话，乐意开口说话，并初步用短句表达自己的意思
	科学	1. 喜欢观察常见的事物和现象，并对它们感兴趣。 2. 运用多种感官进行感知活动，了解感官的作用
	社会	1. 喜欢上幼儿园，能适应幼儿园的集体生活。 2. 认识幼儿园里的同伴和其他人，认识幼儿园的环境。 3. 了解自己，能感受周围成人的关心和爱护，爱父母、爱老师，喜爱自己的家和幼儿园
	艺术	1. 在唱歌时学习听前奏，并逐步对歌曲的开始和结束作出正确的反应。 2. 学习关于幼儿生活的儿歌3~4首。 3. 初步感受造型简单、色彩鲜明的美术作品

情境三：周计划

【任务模板】

××幼儿园小一班第一周班级工作计划表

本周目标[16]	让新入园的宝宝尽快适应幼儿园的生活，减轻分离焦虑				
常规教育	学习自己独立吃饭，饭后漱口，养成良好的生活卫生习惯				
家园共育[17]	1. 召开家长会。 2. 除特殊情况（如生病）外，坚持每天按时送孩子入园。 3. 让孩子说说在幼儿园做了什么、最喜欢什么，认识了什么新朋友，肯定孩子的在园表现。 4. 培养孩子良好的作息习惯和行为习惯，鼓励孩子自己的事情自己做。 5. 在家中和孩子做做模仿操，一起体验运动的快乐。 6. 坚持使用接送卡				
活动安排[18]					
星期		一	二	三	四	五
上午	晨间活动	户外散步	玩滑梯	娃娃家	玩皮球	搭积木
	早操	目标：熟悉做操的歌曲并跟着老师模仿相应的动作，知道站到相应的位置上做操				
		早操音乐：《奶牛歌》《饼干歌》《小猪吃得饱饱》。				
	教学活动[19]	健康：快乐上学	音乐：爱我你就抱抱我	社会：宝宝身份证	数学：大与小	复习儿歌

续表

活动安排[18]						
星期		一	二	三	四	五
上午	教学活动[19]	社会：我们的幼儿园	科学：奇妙的口袋	美术：五彩的小毛巾	语言：小兔乖乖	健康：乌龟爬爬
	户外活动[20]	拉个圆圈走走	吹泡泡	钻钻爬爬	丢沙包	羊角球跳跳跳
		老狼几点钟	走直线	玩沙	变大变小	玩水
下午	区角活动[21]	语言区、积木区、娃娃乐园、生活区、美术区				
	离园活动	说故事听儿歌	分组玩积木	唱唱跳跳	教室里的大与小	分享心情

情境四：日计划

【任务模板】

×××幼儿园小班一日活动计划表[22]

时间	活动内容	指导重点
07:30-08:10	入园及晨间活动	1. 晨检[23]；2. 组织幼儿早操，精神饱满地与幼儿共同锻炼；3. 做好室内外清洁工作，开窗通风
08:10-08:40	早餐	1. 餐前组织幼儿洗手；2. 创造愉快安静的进餐气氛，餐前、餐中不处理问题；3. 及时为幼儿添加饭菜，介绍食谱及饭菜营养
08:40-09:00	餐后活动	1. 餐后安排轻松安静的活动，如室内游戏、散步；2. 组织幼儿如厕
09:00-09:20	集中教育活动：快乐上学	1. 做好活动前准备[24]；2. 以游戏形式组织教育活动，容量适当；3. 为幼儿提供较充分的动手、动脑、动口机会；4. 集体活动与小组活动相结合
09:20-09:50	区角活动	1. 指导幼儿遵守教室常规及游戏规则；2. 会正确使用并能爱护玩具；3. 注意卫生安全
09:50-10:10	盥洗[25]、早点[26]	1. 提醒幼儿如厕，允许幼儿按需要随时大小便；2. 根据幼儿需要帮助幼儿擦屁股、整理衣服；3. 提醒幼儿便后洗手；4. 检查幼儿的饮水量，活动或口渴时随时饮水
10:10-11:10	户外活动：拉个圆圈走走	1. 精神饱满地与幼儿共同游戏；2. 组织幼儿有秩序地游戏；3. 注意户外活动时的安全。
11:10-12:00	午餐及餐后活动	1. 组织幼儿餐前盥洗；2. 组织幼儿愉快、安静地进餐；3. 及时为幼儿添加饭菜，介绍食谱及饭菜营养；4. 安排安静的餐后活动[27]；5. 与中午值班老师做好交接班记录工作
12:00-14:30	午睡	1. 安静进入寝室；2. 检查幼儿是否带小物品上床；3. 检查幼儿盖被情况，纠正不良睡姿；4. 随机检查睡眠情况，教师中途不得离岗
14:30-15:00	起床、盥洗	1. 幼儿下床时要注意安全，不推、不挤；2. 帮助幼儿有秩序地穿衣、整理床铺；3. 提醒幼儿盥洗、饮水；4. 检查幼儿着装、梳头

续表

时间	活动内容	指导重点
15：00－15：30	集中教育活动：我们的幼儿园	1. 做好活动前准备；2. 以游戏形式组织教育活动，教学内容适当；3. 为幼儿提供较充分的动手、动脑、动口机会；4. 集体活动与小组活动相结合
15：30－16：00	区角活动	1. 指导幼儿遵守教室常规及游戏规则；2. 会正确使用玩具；3. 注意卫生安全
16：00－16：20	盥洗、午点	1. 提醒幼儿如厕，允许幼儿按需要随时大小便；2. 根据幼儿需要帮助幼儿擦屁股、整理衣服；3. 提醒幼儿便后洗手；4. 检查幼儿的饮水量，活动或口渴时随时饮水
16：20－17：10	户外活动：老狼几点钟	1. 组织幼儿并精神饱满地与幼儿共同锻炼；2. 注意户外活动时的安全
17：10－17：30	离园	1. 清点幼儿人数；2. 检查幼儿穿戴；3. 组织离园活动[28]；4. 提醒幼儿向家长问好，与老师、小朋友再见；5. 组织家长在教室门外有秩序地排队凭接送卡接幼儿

【指导要点】

［1］ 幼儿人数、男女比例、家庭情况、家长职业等。

［2］ 从健康、语言、社会、科学、艺术五个领域进行分析，列出优势与不足。

［3］ 任务与措施要根据幼教改革发展方向、园务工作计划、本班实际（优势与不足，班级工作管理中存在的问题）、家长的要求、社区资源的开发与利用等来确定。

［4］ 指日常保教工作。

［5］ 围绕班级课题、个人课题、教学中的困惑、班级的重点问题开展。

［6］ 指家教宣传、家园活动、家长会、家长与社区资源的开发与利用等。

［7］ 把工作重点细分落实到月份，确保完成工作任务。此处只是各月重点工作的罗列，不用详述，避免与月计划重复。

［8］ 为使计划显得直观明确，月计划一般采用表格形式。周计划也是如此。此处以9月为例。

［9］ 月计划的教育重点要从年龄班、幼儿的身心特点出发来确定，同时可以结合该月的节日、季节等因素。

［10］ 包括生活常规、游戏常规、教育活动常规等。

［11］ 家长工作一般是围绕本月工作重点进行，但9月份为一学期之初，所以本月的家长工作还要为学期的工作目标服务。

［12］ 具体的家长会内容可以单独撰写。

［13］ 活动主题可以从季节、节日、重大社会活动、幼儿自身感兴趣的对象等角度确定。

［14］ 环境创设围绕主题活动进行。

［15］ 五大领域的发展要求要切合幼儿年龄实际，且月计划中的目标只是预设，需要通过具体的教育活动来实现，同时要根据实际进行调整。

［16］ 根据本月目标制定各周教育目标。

[17] 开学初的家长工作很重要，教师要把班级管理目标清楚地传达给家长，才能实现家园共育目标。

[18] 安排的活动要符合孩子的年龄特点和发展情况。

[19] 幼儿园各年龄班集中教学活动时长：小班 10~15 分钟，中班 15~20 分钟，大班 20~25 分钟，大班下学期可逐渐延长至 30 分钟，但不得超过 30 分钟。

[20] 正常情况下，幼儿每天户外活动时间不得少于两小时，寄宿制幼儿园不得少于三小时，每日户外体育活动不得少于一小时。高寒、高温地区可酌情增减。

[21] 除常规游戏材料外，区角里还要投放与当日教学活动内容相吻合的材料。

[22] 示例为日托幼儿园。

[23] 晨间步骤：一摸、二看、三问、四查。

[24] 包括活动内容、场地安排、材料等。

[25] 一般在饭前、外出、集体活动及入睡前安排盥洗。

[26] 点心时间一般在教育活动与游戏之间（上午、下午各安排一次）。

[27] 如听音乐做动作、听故事、手指游戏。

[28] 教师总结一日活动，根据幼儿不同表现给予不同奖励；开展小游戏、讲故事、念儿歌等活动。

项目七　幼儿园空间管理

任务一　幼儿园空间管理案例解析

【案　例】

幼儿的成长离不开环境,环境对幼儿的发展影响极其深远。《幼儿园教育指导纲要(试行)》中明确提出:"环境是重要的教育资源,应通过环境的创设和利用,有效促进幼儿的发展。""幼儿园的空间、设施、活动材料和常规要求等应有利于引发、支持幼儿的游戏和各种探索活动,有利于引发、支持幼儿与周围环境之间积极的相互作用。"根据《幼儿园教育指导纲要(试行)》的这一精神,在实际的教育教学活动中,应积极挖掘各种教育资源,力求创设与幼儿发展及教育相适应的环境,最大化发挥环境的教育价值。但因种种原因,许多幼儿园在环境管理方面做得还很不到位,从而影响到环境整体教育功能的发挥。

- 幼儿园幼儿严重超员,幼儿生活、学习、活动空间严重不足

2012年,教育部门在对东莞万江××幼儿园(公办)例行检查时发现,学校超员人数达六七十人,超员率在15%以上。部分私立幼儿园和偏远地区的幼儿园超员现象更严重,有的幼儿园班额幼儿高达90人,幼儿拥挤在狭窄的教室里,根本没有其他活动场所。

- 将幼儿园环境创设主要理解为物质环境的创设,忽视或分割了精神与物质环境创设的关系

在幼儿园环境创设中,很多老师常常关注的是物质环境的创设,忽视了精神环境的创设。幼儿之间相处困难,师幼关系紧张,教师虐童事件频出,家园关系紧张。这些会对幼儿身心健康发展造成极为不利的影响。

- 幼儿园空间管理缺乏整理规划,未充分有效利用幼儿园一切可利用资源

主要表现在:第一,环境布置比较简单、零散,缺乏整体布局意识,幼儿园整体环境不平衡、不协调、不系统。第二,很多幼儿园只重视室内和墙壁的布置,忽视幼儿园内其他空间对幼儿教育所蕴含的作用,使幼儿园环境教育效果大打折扣。

- 幼儿园空间安排不合理,环境卫生差,甚至存在安全隐患,严重影响幼儿正常健康的生活和学习

重庆某社区幼儿园,教室紧挨厕所,教室窗户少、通风性差,厕所设备设施陈旧,打扫不及时,教室与厕所之间也未安装门,导致教室里每日都弥漫着厕所臭烘烘的气味。时间长了,孩子们无法忍受,回家后告诉家长。家长知道情况后多次向幼儿园提出整改建议,幼儿园只稍微加强了卫生清洁工作,情况略有改善,但仍未整改。

- 环境创设过分注重美观效果,环境创设作品是摆设,忽略了环境的实用性、教育性

现在有的幼儿园虽然也重视环境创设,但在很大程度上只是追求美观,为的是布置环境,

或者只是盲目地提供材料，环境创设作品只是一个摆设，对环境的实用性、教育性考虑很少。
- 环境创设是教师的事情，与幼儿无关

每当开学初的时候，幼儿园教师会非常忙碌，花费不少时间和精力，孩子们开学来到自己班级时都会觉得很漂亮。老师这时也会感到很欣慰，自己忙碌的目的就是为孩子创设好的环境，现在目的已达到了。但是，归根到底，没有幼儿亲自参与布置的环境，他们保持兴趣的时间也是非常短暂的。
- 班级环境创设没有充分考虑不同年龄阶段的孩子的发展需要

很多幼儿园的大中小班的装饰都差不多，设置的格局、色彩搭配等都是类似的，不能满足不同年龄阶段幼儿的发展需要。不同年龄阶段的儿童对环境的敏感性不一样，所以创设幼儿园班级环境应与幼儿身心发展特点和需要相适应。

【原因解析】

1. 相关部门审查、监管不力

部分教育主管部门对幼儿园办园资质审查不力，部分幼儿园建设不符合《国家幼儿园建设标准》，仍然开园、招生，监管也缺失。

2. 幼儿园谋取商业利益最大化

（1）未按规定标准招生。

一些幼儿园为了盈利，实际招生人数远远超出教育部门规定的招生规模，导致幼儿园空间拥挤，环境资源远远满足不了幼儿的需求。

（2）环境建设投入严重不足。

为了尽可能地减少经费投入，幼儿园在环境创设、整改、更换、创新等方面均不够重视，认为只要勉强能应付就行。

3. 幼儿园管理人员自身缺乏科学的管理理念和方法

幼儿园管理人员素质参差不齐，管理理念落后、方法不当，缺乏创新意识，缺乏可持续发展的远见，是制约幼儿园环境管理的直接因素。

4. 幼儿园教师方面的原因

（1）幼儿园教师整体素质、专业化水平不高。

总体而言，我国幼儿教师准入要求不高，幼儿教师整体素质不高。他们在环境创设中按部就班，缺乏耐心，缺乏创新意识，缺乏充分调动幼儿参与的积极性和主动性的方法和技巧。

（2）幼儿园对幼儿教师培训不足。

幼儿园在招进教师后，很少为教师开设培训课程或安排教师参加各种培训。

5. 部分家长教育观念不当，家园合作不给力

部分家长教育观念不当，认为幼儿在幼儿园就要多学一些知识，不重视幼儿的游戏活动，不支持幼儿参与环境创设活动，不配合幼儿园开展环境创设活动，这在一定程度上使幼儿园的教师也失去了创设优美环境的信心。例如，幼儿园老师要求幼儿回家收集一些废旧物品作为环境创设的材料，有的家长就不配合，认为这些都是幼儿园的事情，"什么事情都让家长做，老师干啥呢？"

【任务反思】

1. 什么是幼儿园环境？幼儿园环境包括哪些方面？
2. 幼儿园环境创设要遵循哪些原则？
3. 创设良好的精神环境，对教师主要有哪些要求？
4. 在幼儿园物质环境的材料投放中需要注意哪些问题？

任务二　认知幼儿园空间管理基本要求

一、幼儿园环境及环境创设的原则

（一）幼儿园环境的相关概念

幼儿园环境是指幼儿园内幼儿身心发展所必须具备的一切物质条件和精神条件的总和，具体包括物质环境和心理环境两个方面。物质环境主要是指可见的、有形的环境。心理环境实际上指的是幼儿与周围人的关系，即教师与幼儿、幼儿与幼儿、教师与家长的关系。

良好的教育环境应该符合幼儿发展需要，与教育任务和教育要求相适应，它是教育计划的一个重要组成部分。也就是说，应有目的、有计划地将体、智、德、美全面发展教育寓于环境布置之中。

幼儿园环境创设是指教育者有目的、有计划地设计、制作、投放和安排有利于幼儿园教育活动的环境要素，以促进幼儿身心健康发展。

《幼儿园工作规程》明确指出，要创设与教育相适应的良好环境，为幼儿提供活动和表现能力的机会与条件，促进每个幼儿在原有的水平上得到不同的发展。

（二）幼儿园环境创设要遵循的原则

1. 安全性原则

安全是幼儿园创设教育环境的基本原则。因此，设置环境时，教师必须顾及幼儿身心两个方面：一是心理安全，即让幼儿深切地感受到教师是很关心和爱护他的，在幼儿园能得到大家的尊重，就像在自己家里一样温暖。二是身体安全，必须注意物品摆放的位置是否合适，还要注意创设材料对幼儿是否容易造成伤害，如废旧物品制作的玩具是否会对幼儿造成伤害，安排的场地空间是否令人感到压抑，它们之间是否会互相干扰。另外，还要教育幼儿不要接近危险的东西，如电插座、电线等。

2. 启发性原则

环境创设的内容应能刺激幼儿的好奇心，引起他们的求知欲，启发幼儿去思考、探索。例如，在活动室里设置图书角，准备一些各种体裁的图书，让幼儿在图书角里自由阅读。又如，利用各种不同质地的材料组成一幅画面，让孩子们用手去触摸，通过触觉感知粗糙、细腻、坚硬、柔软、厚薄等不同的感觉，引发幼儿对以往生活体验的联想，培养幼儿的思维能力。

3. 发展性原则

幼儿园环境的发展性是根据当前的教育目标和幼儿的现有水平，分期变换创设的。例如，小班初期的幼儿绘画技能有所欠缺，教师共同和孩子合作创设环境，制作班级树时，老师画树，让孩子们添画树叶。到了中班，孩子们的绘画技能有所提高，作品也很丰富，可以开设"班级小画展"，激发孩子们的绘画热情和兴趣，使他们体验到成功感和自豪感。到了大班，孩子们的绘画技能进一步提高了，老师可以提议孩子们开设"个人小画展"，使孩子们的审美情趣再次提高，在活动中培养孩子的交往能力、语言表达能力等。

4. 动态性原则

环境的动态性包括两层意思：一是指环境的创设要根据教育和幼儿的发展需要不断发展变化。二是指在不断更新环境的过程中，为幼儿提供更多参与活动和表现自己的机会和条件。例如，在创设帮助幼儿认识四季变化规律和特点的壁画时，老师可以采用留、变、添、减的方法。如表现树木"春天"的变化，让幼儿用皱纹纸拧迎春花、桃花粘贴在树干上；随着气温的升高，让幼儿取下迎春花、桃花，添上叶子，补上桃子，表示夏季枝叶茂盛，花儿结果；到了"秋季"，再让幼儿把绿叶换成黄、红、棕色的叶子，并表示出叶子飘落的情景；"冬季"来临，让幼儿取下叶子，换上白色的棉花，表示积雪，以及剪贴漫天飞舞的雪花和落满白雪的青松。这样，四季的"景色"在幼儿的参与下不断变化。

5. 互动性原则

环境是幼儿艺术活动不可分割的一部分，它有时是艺术活动的起始，有时是艺术活动的延伸。为了让幼儿对教学活动有所了解，引发幼儿的学习和探索兴趣，教师可将所要学的知识在环境中露出冰山一角，引导幼儿们对所学的内容积极关注。为了让学有余力的幼儿进一步得到心理和能力上的满足，让学力不足的幼儿有一个更长的消化知识的过程，教师还可以适当引申。例如，在设计环创作品《我们的祖国》时，教师利用多种多样的种子制作出中华人民共和国地图，既美化了活动室环境，又便利了教学，使幼儿的爱国主义情操在潜移默化中得到了培养。

6. 经济性原则

幼儿园环境创设要坚持低费用、高效益的经济性原则，勤俭节约，因地制宜，充分利用社区资源，就地取材。在保证清洁、卫生的前提下，利用废品，一物多用，不浪费宝贵资源，不盲目攀比，不追求设备设施的高档化和园舍装修的宾馆化。例如，可用瓦楞纸、废旧挂历纸等代替吹塑纸、植绒纸；可用一次性纸杯、果冻盒做花篮、风铃等装饰节日环境；农村可用自然材料如高粱秆、麦秸秆等装饰环境。

二、幼儿园室内外物质环境创设

幼儿园物质环境的基本要素包括园舍建筑、设施设备、活动场地、教学器材、玩具学具、图书音像资料、环境布置、空间布置以及绿化等有形的东西。

幼儿园物质环境的结构分类：① 从范围来分：园区环境、教室环境、区角环境；② 从三维空间来分：地面环境、墙面环境、空中环境；③ 从性质来分：自然环境、人工环境。

幼儿园物质环境的创设应满足幼儿发展的需要，服务于幼儿发展的过程，其成效反映在促进幼儿发展的结果上。我们这里主要从室内环境和室外环境两个方面进行分析。

（一）幼儿园室内物质环境的创设和利用

1. 室内活动空间的合理规划

有条件的幼儿园可把空间进行小型分隔。根据各种活动的不同性质和功能对空间进行区域划分，活动室的布置要便于幼儿移动、建造、分类、创造、摊放物品、制作、实验、装扮、展现作品，以及便于个别幼儿、小组和集体活动。

无条件的幼儿园创设条件可将睡眠室改造为区域活动室，原活动室与可移动的睡眠室合二为一；利用走廊开设种植区域、动物养殖区域；将区域活动集中设置或分散设置，实现资源共享，如图7-1所示。

图 7-1 活动区角

2. 室内其他空间的创设与利用

（1）墙面。应创造富有童趣化、艺术化，鲜艳明快的色彩墙面，最好有可操作空间，给幼儿以亲切、喜悦、参与感。所有的东西都是根据幼儿的身高来设计的，这样便于幼儿观察和选择。一米以下的墙面,以幼儿装饰为主;一米以上的,由师幼共同完成。尽可能使用可变性强的软墙,这样可以随时对布置在软墙上的材料进行拆除、移动、更换等。

(2)楼梯。要充分合理地利用楼梯的墙面和地面,如布置靠右行走的规则"脚印"和幼儿作品等,同时要保证楼梯的安全扶手及防滑设施的表面清洁。

(3)天花板。可设置便于悬挂玩具的移动装置。

(4)走廊。走廊的光线充足,可适当摆放植物和盆盆罐罐,并安放在便于观察、操作的地方,如图7-2所示。

图7-2 走廊设计

(二)幼儿园室外物质环境的创设和利用

幼儿园室外物质环境的创设要合理安排空闲角落与场地,充分利用园内自然物,场地设置要富有变化,有平地、缓坡、土坑、阶梯、木屋、帐篷、迷宫、树丛等。幼儿在这样的场地上游戏,将获得自然而均衡的发展。另外,还可以提供轮胎、木桩、板条、水管等各种废旧材料和自然物,供幼儿创造组合,满足他们身心健康、认知建构、交往合作等方面的需要。具体做到:

(1)地质地貌多样化。幼儿喜欢运用沙、水泥制品、鹅卵石和原木来建造雕塑、土丘、隧道、斜坡等,因此,户外的地质要包括沙地、水泥池、石地、塑料池和草地五类,地面要富于变化:有高有低,有凸有凹,有平地有斜面,有阶梯。

(2)场地划分区域化。基本分为器械区、游戏区、沙水石区、休闲区、动物区、植物区、生活学习区和科学观察区。

(3)设备器械多功能化。如在玩沙区接入水管,将玩沙玩水相结合;在沙坑区,两根绳挂起一块板就是"冲浪船",沙坑是安全软地面。

(4)场地设置游戏化。场地上可以放置各种建筑材料以及废旧的设备和材料,最好有一间简易小屋储存各种工具。在这种场地上一般由教育者带幼儿开展各种自然活动,如建造小屋子、垒城堡、砌墙、种植、爬树、挖洞、挖水沟,以及饲养小动物等。

(三) 幼儿园物质环境的材料提供与幼儿行为

幼儿园物质环境材料，是指为幼儿各种活动的进行、维持与发展提供的各种物品、器具与资料等。

1. 材料的数量

活动材料的数量直接影响到幼儿的行为。活动材料的减少会导致幼儿吮手指等紧张行为增加、攻击性行为增加。托幼机构里的大部分冲突都与材料的数量密切相关。

2. 材料的性质

（1）儿童喜欢色彩鲜艳、特征明显、变化多端的材料。

（2）儿童大多喜欢原始材料（如黏土、沙、砖），而机械玩具对很多儿童来说没有多大的吸引力。

（3）研究表明，能够建构其他物体的材料（如积木和砂石），使儿童的注意力保持得最长，也最能促进儿童之间的交流和合作。不同性质的材料对儿童社会交往能力的培养的作用不同。

3. 材料的投放与儿童的选择行为

材料的投放有限制性投放与非限制性投放两种。限制性投放，是指由教师控制材料，并限制儿童对材料的获取；非限制性投放，是指儿童可以根据自己的需要，自由获取材料。两种方式都有自己的教育功能，应当将其结合起来。

投放材料时需要注意：第一，坚持有序投放，充分考虑幼儿的年龄、发展水平、区域的特点以及投放的时间。第二，综合投放更有利于维持儿童的注意力，培养儿童的象征性游戏能力和社会交往能力。

三、幼儿园精神环境创设

幼儿园精神环境是指幼儿园的心理氛围，它是一种重要的潜在课程，涉及范围广泛，包括影响教职工和幼儿的精神状态、情绪的一切因素。幼儿园精神环境的构成要素主要有：幼儿园在一定时期内形成的大众心理、幼儿园文化、幼儿园人际关系。精神环境对人的影响具有广泛性、潜移默化性、持久性的特点。特别是对于正处在身心发展过程中的幼儿来说，精神环境的影响更是潜在而深刻的。

(一) 建立良好的交往

在拥有丰富物质环境的基础上，建立一个良好的精神环境，有利于幼儿身心健康发展。幼儿园内幼儿与教师之间、幼儿与幼儿之间、教师与教师之间所建立起的种种情感，表达情感的方式，以及语言、行为、习惯等形成的园风，对孩子的成长具有重大作用。

1. 教师与幼儿的交往

教师是幼儿社会性行为的指导者。除了要教给幼儿正确的、适宜的行为方式与规则以外，教师自身对待幼儿的情感态度的作用是巨大的。教师在与幼儿的交往中要注意以下几方面：

首先，应对幼儿表示支持、尊重、接受。这是建立师生间积极关系的基础，也是进一步培养幼儿良好社会性行为的基本条件。教师要善于理解幼儿的各种情绪情感，不对不招自己喜欢的幼儿产生偏见，相信幼儿有自我判断、做出正确选择的能力，善于对幼儿做出积极的行为反应。

其次，教师应当以民主的态度来对待幼儿，要善于疏导而不是压制，允许幼儿表达自己的想法和建议，而不以命令的方式去要求幼儿。这种自由而不放纵、指导而不支配的民主态度和方式能使幼儿觉得自己是一个独立的个体，受到尊重和鼓励。这样的教养方式能使幼儿具有较强的社会适应能力，使幼儿变得积极、主动、大胆、自信，同时，有助于幼儿的自我接纳能力和自我控制能力的发展。

最后，在教师与幼儿的交往中，要尽量采用多种适宜的身体语言动作，如微笑、点头、注视、肯定性手势、抚摸、轻拍脑袋、轻拍肩膀等。在师生交往中，应尽量采用这类"此时无声胜有声"的方式，用身体接触、表情、动作等来表示自己对幼儿的关心、接纳、爱抚、鼓励或者不满意、希望停止当前行为等。教师在与幼儿交谈时，最好保持这种较近的距离和保持视线接触。恰当的眼神、表情的使用能使幼儿对教师的情绪状态和对自己行为的反馈有更为明确、深刻的体会。

2. 幼儿与幼儿的交往

虽说幼儿与幼儿间的交往态度、行为在很大程度上是由幼儿群体的自身特征决定的，但教师也可以通过对幼儿进行教导和自身的努力来为幼儿创造一个积极交往的背景，从而有效地影响幼儿的交往态度和社会行为。根据我国目前独生子女占多数，且一些家长溺爱幼儿的实际，教师应当让幼儿在交往中做到以下几点：共同交流思想与感情，同伴间相互关心，团结友爱，玩具共享，礼貌待人等。为此，教师可营造积极的环境气氛，提供社会性交往的活动机会以及通过积极的教导训练来进行。

（1）引导幼儿学会相互交流自己的思想、感情。幼儿的观察能力比较差，尤其是自身还存在自我中心的观念，不善于察觉他人的思想感情、需要等，缺乏对他人情绪情感状态的认知、了解，以致缺乏帮助、关心、抚慰、同情他人等亲社会行为。教师可以引导幼儿与同伴交流自己的思想和感情，让幼儿之间相互了解，进而产生相互帮助、合作等行为。这也能使幼儿学会正确的反馈方法。为了达到这个目的，教师在平时应让幼儿相互说说对某件事情的感受，让幼儿学会观察他人的喜怒哀乐表情，了解他人的情绪情感状态等。

（2）建立同伴间相互关心、友爱的气氛。让幼儿学会正确关心人的行为方式，让全班有一种相互关心、友爱的气氛，这是良好精神环境创设的重要内容。如果一个班的幼儿在你碰我、我碰你的拥挤状态下，没有相互嚷嚷，也没人向老师告状，而是相互礼让、询问关心时，则说明这个班已经有了较好的班级气氛。教师的教导应贯穿于日常教育活动中的每一个细小环节中。例如，游戏时要玩具共享，不能抢夺；不小心碰倒别人时，应赶紧把他（她）扶起来，并帮着掸掸土，说"对不起"；而当自己被撞时，也别得理不饶人，更不能因此去打别人；相互间交往时应习惯说"请""谢谢""对不起"等用语。教师要鼓励缺乏交往技能或过分害羞的幼儿积极参与到班级活动中来，并鼓励其他幼儿与他们交往，使他们由此获得人际交往的愉快感，增强自信心。

3. 教师与教师的交往

教师与教师之间的人际交往对幼儿的社会性培养具有多重影响。

首先，教师间的交往是幼儿同伴交往和做出社会行为的重要榜样。教师要求幼儿要互相关心、帮助、抚慰、合作，如果教师自己也做到了，那孩子就更容易产生这种行为方式并且会长期稳定下来；反之，如果教师之间漠不关心，那么教师再怎么强调培养孩子的爱心、同情心，其效果势必也会大打折扣。

其次，教师间的交往涉及班级、幼儿园是否具有良好的心理气氛。教师间如果相互关心、相互帮助，则会给班、园带来一种温情的气氛，容易激发出幼儿积极的社会性行为。幼儿也会耳濡目染，不仅学会体察别人的情绪情感，也能学会正确、适宜的行为方式。所以，在创设精神环境时，要注意主班老师与配班老师之间、全园教师和全体教职工之间的交往，为幼儿的良好社会性发展做出榜样。

除了人际环境以外，幼儿园的日常规则、一般行为标准也是幼儿园精神环境创设的重要部分。这里的日常规则是针对幼儿园日常活动与教学中经常要遵守的那些规定而言的。例如，教师讲课时要注意听讲，使用玩具时要分享、谦让，接受别人的帮助后应当道谢，等等。向儿童提出规则和行为限制是保证教育教学活动和日常生活的必然要求，儿童能够自然而然地对社会交往中一些基本的规则、限制有一些体验和感性认识。而一般行为标准指的是幼儿进行哪种行为会受到同伴的接受、老师的肯定。例如，教师在幼儿初来幼儿园时就明确向幼儿给出这样的信息：打人、骂人在幼儿园是不可行的，没有人会喜欢；而关心、帮助别人肯定会得到老师的表扬，小朋友也会高兴等。这些规则和标准在教育活动中应当作为一种前提灌输给幼儿，从一开始就要非常明确，并要一贯地执行下去，使幼儿在具体、真实的交往活动中运用并体验。

在实际中，幼儿的发展并非单纯受幼儿园一种环境的影响，他们同时还接受来自其他大大小小各种环境的影响。而且，各种环境之间也不是独立、静止存在的，而是相互作用、相互影响的，其作用过程和关系会形成更大的环境系统。在环境系统中，还有一个对幼儿社会性发展来说非常重要的环境，即家庭环境。家庭环境包括社会经济地位、人员构成、相互交往方式、父母奉养方式等，其对幼儿社会性发展的导向作用极其重要。教师虽不能像创设幼儿园环境那样去设计和塑造幼儿的家庭环境，但在教育过程中，一定要注意每个幼儿都有不同的家庭环境，应努力向家长灌输和宣传适宜、正确的教育观念，建立密切的家园联系，以影响、促进幼儿更好地发展。在这方面，教师需要从改变家长的教育观念和教育行为入手，要深入了解家长的教育观念、教育行为以及其与幼儿的交往方式，从而有针对性地对幼儿进行适当的教育与引导。

（二）对教师的要求

1. 热爱幼教事业，有良好的师德

有人说："教师是一支燃烧的蜡烛，燃烧自己，照亮别人。"无私的奉献、一切为了孩子，是幼教工作者最基本的品德。教师是幼儿心中的偶像，具有很大的影响力，所以教师必须加强人格师德修养，树立正确的教育思想，这样才能对幼儿产生积极的作用，促进幼儿的身心健康发展。

2. 热爱幼儿、尊重幼儿，建立真正平等的师生关系

苏霍姆林斯基说："爱是用心灵去体会孩子最细微的精神需要。"教师的爱可以为幼儿的

发展创造一种温馨气氛。如年龄小的孩子进园总免不了哭鼻子、想妈妈，但当他们看到老师亲切的笑脸时，会搂着老师说悄悄话，像亲妈妈一样亲老师，会很快停止哭闹。如果老师随便责备幼儿，态度过于严厉，幼儿会处于紧张、焦虑状态，今后则会缺乏自信，产生智力活动消极、胆怯等现象，进而影响幼儿的心智发育。

3. 善于观察、指导幼儿的活动

幼儿在活动、操作过程中，难免会碰到这样或那样的困难：由于幼儿的能力存在差异，教师为幼儿准备的活动材料，对有些幼儿不适合，教师必须及时为幼儿调整活动材料；由于幼儿对活动规则或操作方法不明白而无从入手，教师应讲解清楚并及时给予指导。要发现幼儿在活动中存在的问题，善于观察幼儿的活动，并根据存在的问题及时作出相应的调整。例如，针对幼儿水平差异制订弹性活动计划，提供多种类别的活动材料，对能力弱的幼儿多给予指导，让他们多获得成功的体验，增强自信；而对能力强的幼儿，应根据其水平选择相应的材料，让他们的能力充分得到锻炼。只有这样，才能最大限度地发挥环境的教育作用。

4. 有丰富的知识和良好的教育艺术水平，所提供的教育内容要满足幼儿的求知欲

幼儿对日常生活中的所看、所闻，特别是对千变万化的大自然有着浓厚的兴趣，他们会向老师问许许多多的"为什么"。如果教师一问三不知，幼儿就会觉得很扫兴，老师也会失去在幼儿心中的威信。所以，教师必须不断学习，使自己具有丰富的知识，准确回答幼儿的问题，满足幼儿的求知欲；要求采取高效的教育法，深入浅出地让幼儿接受教育，提高幼儿的学习兴趣，培养幼儿的观察力、注意力、思维力、记忆力和想象力。

5. 指导幼儿建立良好的合作关系，在幼儿之间创设宽松愉快的交往合作环境

由于每个幼儿来自不同的家庭，有不同的个性，幼儿与幼儿之间在交往活动中会存在很多问题，如争执、互不尊重、相互干扰等。教师应对发生的问题及时分析、解决，用不同方法解决不同的问题，或帮助幼儿懂得以礼待人，或增加活动材料，或调整活动区的分布。同时，教师解决问题的方式必须建立在尊重、平等的基础上，为幼儿建立起一个良好的同伴交往环境。

任务三　主题环境创设

【任务描述】

假设你是某幼儿园的一位教师，请你从以下任务中选择两个任务，利用相关知识，基于园本课程设计一个主题角创设方案。

创设情境：

1. 情境一：主题墙墙面布置
2. 情境二：户外环境
3. 情境三：廊道门窗

4. 情境四：区角创设（社会体验区、分享阅读区、科学发现区、美工创意区、益智操作区、建构区、表演区等，任选3~5个区角）
5. 情境五：家长园地
6. 情境六：其他适应性游戏区（如游泳池、亲子园地、盥洗室、午休室等）
（六选二，要求：契合园本课程的主题内容，体现特色）

【任务模板】

××××幼儿园"××××"园本课程的环境创设

园本课程内容简述（200字左右）
一、主题："我和你"[1]
（环境创设的主题名要符合儿童化、趣味化、教育性的特点）
二、环境创设理念/目的[2]
三、情境×1　如情境一：主题墙墙面布置
（一）设备及材料
（二）主题墙的位置及名字
名字"和乐"，位置：教室侧墙。
（三）主题墙的内容
如以"和"字为主。背景图为手拉手的环形图，内容分为"和善的关系"（我和好朋友的情谊结）、"和睦的家庭"（照片墙）、"和蔼的老师"（儿童作品展）等3个主题。
可附图案说明
四、情境×2　如情境四：区角创设
（一）设备及材料
鱼缸、抱枕、小靠椅、冲裁席以及其他一些法庭道具。
（二）区角的位置及名字
名字"和平角落"，位置：教室左后方。
（三）区角活动的内容
1. 孩子们模拟法庭自己解决问题。
2. 心情预报或其他情感宣泄途径。

【指导要点】

[1]　主题活动中环境创设的注意事项：
（1）以幼儿特点和需要为根本依据。
（2）关注幼儿的自身价值。
（3）关注环境创设对幼儿全面发展所起的作用。
[2]　主题活动中环境创设的基本要点：
（1）注重环境创设的关联性。在主题活动中，环境创设与主题活动密切相关，教师可根

据主题活动的目标、内容和幼儿的基本经验以及幼儿发展的需要来创设相应的环境，以满足幼儿自主活动、自我发展的需要。

（2）注重环境创设的丰富性。在主题活动环境创设中，教师应立足于幼儿园实际，注意在空间、内容和材料等方面尽可能做到丰富多样，满足幼儿多样化的需求。

（3）注重环境创设的实效性。主题活动中的环境创设应注重幼儿的参与性，使环境创设真正成为课程的一部分。

（4）注重环境创设的生成性。主题活动中的环境创设，随着主题的开展而变换，随着幼儿的"生成"而拓展。

项目八　幼儿园经营管理

任务一　园所经营案例解析

现实生活中存在着这样一批幼儿园：幼儿园越做越大，生源越来越多，费用提高，生源却只增不减，幼儿的家长对老师都彬彬有礼。现实生活中也存在着这样的幼儿园：学生不好招，园长抱怨老师管理不当，家长抱怨幼儿园教育有问题，幼儿园捉襟见肘，每况愈下。这是为什么呢？究其原因，一所幼儿园要发展壮大，离不开良好的教育条件和过硬的教育质量，更离不开一位经营有道的园长。

【案例一】

一所原某部属幼儿园，因生源、经营等问题决定转包给另一个机构承办。转包事宜由部委主管领导和承办机构于10月开始商讨，双方签订协议后幼儿园开始改建。承包方投入了40多万元进行全面装修改造，改变了幼儿园的办园条件，无论是室内的设备还是室外的设施，都采用了当前最好的材料，如塑胶地毯、大型玩具、感统训练室、木地板等。为此，幼儿园曾在新年春节期间停业近两个月。但自始至终，幼儿园并没有向家长宣布原部属幼儿园解散、原有幼儿退园的消息，而是对幼儿园的转制低调处理。

次年5月，幼儿园的硬件软件（招聘各类优秀教师和特长教师、引进教育模式等）改造已基本完成，幼儿园也正式改为××实验婴幼园，并向家长宣布，原有部属幼儿园已经倒闭，新园将不承担旧园的任何债务和承诺，并要按照新标准收费，原在园幼儿每人每月加收100元赞助费，作为享受新设备的补贴；新招收幼儿将每年缴纳赞助费和特长教育费5 000元。为了照顾原有幼儿，将实行"新人新办法、老人老办法"，不向原有幼儿加收5 000元赞助费。本部属单位新旧幼儿所有新加费用均减半，作为对该部委投入的回报。

此举惹恼了部分家长，怨言四起，有的家长甚至抵制交费。他们认为幼儿园悄悄改制，没有征得家长的同意，原有的合同就被该部委单方面撕毁，侵犯了他们的利益。而且，既然"新人新办法、老人老办法"，就不该加收100元，一些家长把此事告到上级相关部门。新园认为当初老园没有关门解散是幼儿园和该部委对孩子负责、对家长负责，而且现在的新园和原部委只是租用场地的关系，没有其他任何隶属关系，也就没有义务为原部委幼儿园买单，因此坚持现行办法。为此，双方僵持了近一个月，虽然大多数家长陆续交了费，但仍然有几位家长不停地和幼儿园周旋，甚至在幼儿园吵闹，造成了很不好的影响。

【分析与思考】

1. 公办幼儿园"转包"是怎么一回事？如何正确看待公办幼儿园"转包"现象？

公办幼儿园"转包"实质就是公办幼儿园改制。公办学校改制是指将原来属于公办的幼儿园，在保留国有教育资源产权不变或部分产权合法转移的前提下，实现投资体制、管理体制和运行机制的转变，使之成为一种产权多元化的混合所有制幼儿园。公办幼儿园改制的核心是推进教育投资体制改革和教育管理体制改革。公办幼儿园改制是目前幼教体制改革中常见的现象。

在市场经济条件下，公办幼儿园改制的原因不一定都是经营不善，也有可能是为了谋求更好、更快的发展。幼儿园通过改制可以拓宽融资渠道，改善教育条件，采用更灵活的用人机制，加快幼教现代化进程。立足本园实际进行切实可行的改革，是幼儿园在市场竞争日益激烈的今天能够得以生存下去的关键。

2. 家长群体在幼儿园经营中居于什么地位？案例中"家长上告幼儿园、在幼儿园吵闹，造成不好的影响"给我们什么启示？

家长是幼儿园服务的对象，也是幼儿园公共关系的重要组成部分。一方面，幼儿园要想取得良好的教育成效，必须获得家长的支持与配合；另一方面，家长是幼儿园走向社会、扩大教育服务功能、树立良好社会形象、扩大影响力的中介和桥梁。

案例中幼儿园的改制不仅仅是幼儿园和上级主管部门的事情，也是家长的事情，家长有权利了解幼儿园发展的规划和方向。幼儿园的决定遭到部分家长的抵制，其主要原因在于幼儿园的改制没有事先让家长知晓。因此，在幼儿园经营中，一定要处理好与家长的关系，才能使幼儿园的社会生存渠道和对外交流渠道畅通。

【案例二】

座落于济南市历城区某小区内的A幼儿园，建于2003年，全园占地面积6 000余平方米，建筑总面积3 000余平方米，户外面积达4 500多平方米。投入使用后，又陆续投资100多万元购买教玩具，改善教学设施设备。A园的办学条件在当地是一流的，也是当地唯一一所省级示范园。但是A园仍然避免不了连年亏损的局面。

【诊断与分析】

1. 诊 断

诊断结果：容量有限，"带宽"不足。

容量有限。幼儿园标准设置9个教学班，平均每班25人，每个班级140平方米。

收费低。最高收费260元/月（含餐费），平均收费200元/月，每月总收入5万元左右，入不敷出，持续亏损。

周围居民居住分散，招生活动难以开展，宣传乏力；幼儿园不临街，位于小区内，社区居民对幼儿园的办学条件缺乏了解，对幼儿园的性价比缺乏认识。

2．分　析

该幼儿园有充分的资源优势，但是受到了班容量的限制，优势难以发挥。由于地理位置上的劣势，幼儿园与客户沟通的"带宽"受限，幼儿园的优势不被客户所认知。同样，提升品牌的设想也受"带宽"所限，无法实施。

根据以上分析，幼儿园要摆脱困境，重新焕发生机，必须走"扩容量、拓带宽、树品牌"的经营发展道路。

首先，"一分为二扩容量"。把原来的教室分为两个班，公用卫厕，把原来的木床改为实木的可叠式睡眠床。这样一来，全园有18个班，在有效教学面积不扩大的情况下，总容量扩大至450人。

其次，"请进来，走出去，大力拓展客户沟通带宽"。在硬件改造的同时，大力开展营销活动，策划长期、多样化的儿童—家长体验系列活动。

最后，"以点带面，全面提升，树立品牌"。从幼儿园内部管理抓起，提升教学质量和管理质量，全面提升幼儿园的整体办学水平。引入品牌或特色教育，创新教学理念和教学模式，引入新的课程体系，完善教师培训与学习机制，规范教学管理、后勤管理，培育学习型园文化。

【任务反思】

1. 什么是幼儿园经营？
2. 幼儿园经营包含哪些内容？
3. 幼儿园经营的意义是什么？

任务二　幼儿园经营管理手段

一、幼儿园经营的概念

幼儿园经营是举办者或管理者按照市场经济运行的规律，筹划和运作幼儿园，获取最佳效益的活动。

首先，幼儿园经营的效益既包括经济效益，也包括社会效益。在市场经济条件下举办幼儿园必须盈利，亏损便无法生存和发展。幼儿园经营的方向和目标是十分明确的，即必须通过筹划和运作来盈利，获取幼儿园管理的各种效益。然而，幼儿园在我国教育体系中的特殊地位决定它不得以盈利为最终目的。学前教育是我国基础教育的基础，在社会发展中具有重要的战略地位。幼儿园是学前教育的重要机构，肩负促进幼儿身心全面和谐发展的基本保教任务，此外还要为家长服务，为家长参加工作、学习提供便利条件。因此，幼儿园必须在体现教育价值和服务社会的前提下追求经济利益。在此框架下，幼儿园经营获利的资金也主要用于满足日常办公资金周转的需要，维修更新设备，不断地改善办学条件，为实现幼儿园的保教目标提供可靠的保障。

其次，幼儿园经营是幼儿园管理在市场经济条件下新增的一项重要职能。在计划经济条件下，幼儿园管理侧重于幼儿园内部事务，强调遵照一定的教育方针和保教工作的客观规律，采用科学的工作方式和管理手段，将幼儿园内的人、事、财、物、时间、空间、手段等因素合理组织起来，调动各方面的积极性，优质高效地实现幼儿园的培养目标和工作任务。在市场经济条件下，幼儿园的投资主体、办学主体发生了根本的变化，公办、民办及合作办园并存，形成了社会力量办学多元的新格局。由于引入了竞争机制，幼儿园必须自筹经费、自寻生源、自负盈亏，自觉接受市场的调节，参与市场竞争，接受市场的考验。由此可见，幼儿园经营拓宽了幼儿园管理的范畴，使幼儿园管理的范围扩大、项目增多，使幼儿园管理不断深化，提升了幼儿园管理的价值观和先进理念。幼儿园管理侧重于幼儿园内部事务的管理，幼儿园经营侧重于幼儿园外部事务的经营。

二、幼儿园经营的内容

在筹划和运作幼儿园外部事务的经营中，资金筹措、公共关系经营和品牌经营具有重大意义，它们共同构成了幼儿园经营的主要内容。

（一）资金筹措

幼儿园资金筹措是指幼儿园通过各种渠道和采用不同方式及时、适量地筹集一定的资金，以改善幼儿园办学条件、维持幼儿园正常运营的行为。幼儿园资金的筹措是一项重要的、长期的、艰苦的任务，关乎幼儿园的生存。由于自筹资金困难，经费短缺，一些幼儿园难以生存，纷纷关停并转。只有发展经费得到充足保障，幼儿园才能获得生存和发展。

在市场经济条件下，除部分由政府财政全额拨款的公办幼儿园和部分拨款的合作幼儿园外，其他幼儿园都必须自筹经费。幼儿园的先期发展资金是由举办方投入的，其后一直会依靠幼儿每一学期的学费收入，期间可能会吸引一定的合作资金或收到少量的社会捐赠。与生产型企业不同，幼儿园不是靠出售有形的产品来获取资金，而是靠提供能满足一定目标人群（家长）需求的学前教育服务来获取资金，因此，幼儿园自筹经费的主要方式是向入读幼儿的家长收取学费，生源数量对幼儿园的资金筹措来说举足轻重。

为了提高幼儿的入园率、获得足够的自筹经费，幼儿园必须不断地改善办学条件、提升办学质量、提升公众形象，同时要高度重视招生工作。

（二）公共关系经营

1. 幼儿园公共关系的概念

幼儿园公共关系是幼儿园运用各种传播手段，谋求内外公众的信赖、理解、合作、支持，从而最终实现有利于幼儿园保教目标的管理活动。幼儿园的公共关系有不同于企业、机关和其他社会团体的公共关系的特点。幼儿园公共关系主要是借助公共关系宣传自己，树立自身美好形象，取得社会、家长的理解、配合，它的最终目的是树立良好的幼儿园形象，提高声誉，争取公众的支持与合作，最终目的是促进幼儿的全面发展。现代幼儿教育必须促进幼儿的身体、认知、情感和社会等各方面的全面发展。这要求除了幼儿园以外，社会、家庭等必须共同为幼儿提供适宜其成长的教育环境，否则很难取得教育的良好效果。这也要求幼儿园积极开展公关活动，与社会、家长加强沟通，让社会、家长理解、认识幼儿园的教育，更好地形成教育的合力，以取得更好的教育效果。幼儿园办园必须要有一定的物质、资金。公办幼儿园除了要争取政府教育经费的更多拨款外，还应广泛地争取社会各界的支持、家长的支持。民办幼儿园要维持正常运转，要改善幼儿园场地设施、设备等办园条件，也必须积极开展公共关系工作，创造条件改善办园条件。

2. 幼儿园公关关系的作用

（1）检测环境，收集信息。幼儿园公共关系管理有助于组织把握和改善公共关系状态，为幼儿园决策提供参照。

（2）分析趋势，参与决策。幼儿园公共关系管理要求能站在公众立场上发现决策问题，使公众利益进入决策的视野。在决策中确立公共关系目标，有助于幼儿园园长、服务于幼儿园教育教学工作的社会各级各类人员参与幼儿园的管理和决策。

（3）传播与沟通信息。幼儿园公共关系管理有助于园所和社会、社区、家长等互动交流。

（4）协调关系。幼儿园公共关系管理协调涉及幼儿园社会组织内部的公众关系和幼儿园社会组织外部的公众关系。

（5）广泛联系，寻求支持。幼儿园公共关系管理有助于帮助幼儿园广泛地和社会、家庭等相互交流和联系，在幼儿园需要人力、财力、设备、资源等时，可以通过公共关系协调解决。

3. 幼儿园公共关系经营的内容

良好的公共关系有利于促进幼儿园的发展。随着我国全面改革的进一步深化，竞争意识已渗透到各行各业，包括教育行业。幼儿教育不属于义务教育的范畴，我国的幼儿教育以往多数是福利性质，国家教育投入有限，政府鼓励私人办幼儿园教育。通过多年的发展，私立幼儿园逐渐具备与公立幼儿园抗衡的能力，而近年来各地推行公办园改制，将公办园推向市场，生源问题就成为各幼儿园必须认真对待的问题。除了通过改善办园环境、提高师资水平、突出办园特色来增强自身的竞争力外，幼儿园还可以通过公共关系塑造幼儿园整体公众形象，提高幼儿园知名度，增强公众对幼儿园的信心，获得公众在教育上的配合以及较好的生源。

（1）幼儿园的家长公共关系。幼儿园通过对家长公关，能使家园教育同步，有利于优质高效地实现幼儿教育的目标；可以帮助家长提高家庭教育的水平，充分发挥家庭教育的作用；可以增进家长对幼儿园的了解，调动家长参与幼儿园教育和管理的积极性。幼儿园还可以通过家长对外宣传，扩大幼儿园的公关范围。

（2）幼儿园的社区公共关系。幼儿园通过对社区公关，可以方便幼儿园各项工作与活动的顺利开展，有利于实现社区各项教育资源的有效利用，而且还可通过社区公关宣传招生。

（3）幼儿园对上级主管部门的公关。幼儿园可向上级主管部门寻求对幼儿园各项工作的指导和支持，获取幼儿教育的动态信息，争取一定的资金支持与帮助。

（三）品牌经营

1. 幼儿园品牌经营的概念

幼儿园品牌经营是指幼儿园建立或塑造一个品牌形象的过程和结果，包括办园定位、办园特色、教育科研问题、教学与管理、幼儿园形象提升、校园文化、办园理念、资源重组等。

随着国家教育改革的日益深化，品牌已经成为现代幼儿园经营与竞争过程中的核心环节，许多幼儿园设立了相应的品牌管理部门。创新品牌、管理品牌、维护品牌已成为幼儿园生存发展的生命线。

2. 幼儿园品牌的创建

幼儿园创建自己的品牌，需要一定的时间，这是一个艰难的探索过程，必须以正确的、先进的教育理念为基础，以优良的软硬环境为支撑，具体要求如下：

（1）提高幼儿园的保教质量。保教质量是幼儿园品牌的基础和生命。打造幼儿园品牌要求以精细化的管理提高幼儿园的保教质量，尤其要对保育工作进行标准化的质量管理。

（2）锻造幼儿园的教育特色。幼儿园管理及发展过程中"人无我有，人有我优"的教育特色是幼儿园品牌的核心竞争力。园所硬件条件、管理水平、师资队伍结构、保育理念、校园文化、服务承诺、办园质量等软件条件的不断调整与更新是提炼教育特色的基础。

（3）提升幼儿园的形象。幼儿园形象是幼儿园的表现和特征在社会公众心目中的反映，是社会公众对幼儿园的总体评价。幼儿园的形象主要是通过教育理念、办园条件、保教质量、办园特色、教师职业形象来体现的。

（4）涵养幼儿园独特的校园文化。幼儿园文化是师生共同创造的精神财富，包括幼儿园的制度文化、环境文化、教师文化、课程文化等。

（5）保持幼儿园的创新精神。创新是幼儿园进步和发展的活力之源，也是品牌成长过程中的一个推进器。世界上许多著名品牌都是在不断创新中生存、发展下来的。通过组织开展各种活动，在全园营造加强学习、钻研业务的风气，帮助教职工拓宽工作思路，可以为提高工作质量、增强教育实效打下基础。

（6）进行卓有成效的品牌营销。品牌需要整合营销和传播手段。广告和公关是锻造品牌，创立品牌的利器。品牌的成长是指知名度、美誉度、信任度、追随度等的提升或者品牌无形资产的价值提升，而促进品牌成长、提高知名度的重要途径就是形象设计和广告宣传。

任务三　招生宣传

【学习目标】

1. 明确招生宣传的主要内容
2. 会写招生宣传策划书
3. 了解招生宣传简章的一般内容
4. 会做招生宣传海报
5. 了解招生宣传营销手段

【任务描述】

如果把幼儿园管理看作剑柄，把幼儿园经营看作剑身，那么招生宣传工作就是剑刃。剑柄不扎实牢靠则挥之无力，剑身不丰厚则难成气势，剑刃不锋利则难有成效：没有学生的幼儿园是不存在的，招生是幼儿园组织结构建立后面临的第一要务，也是今后筹措发展资金的主要手段，它直接关系到幼儿园的生存与发展。招生宣传是一项系统性工程，包含招生宣传策划和招生宣传营销两个环节。

【任务实施】

招生宣传策划

概括地说，招生宣传策划的内容主要体现在以下六个方面：

一、目标策划

目标是招生策划的起点和依据。目标策划主要解决招多少幼儿、招什么样的幼儿这两大问题。目标定位准确清晰，关系到招生的数量和质量，对招生成功起着基础性作用。

二、市场策划

所谓招生市场策划，主要是指对招生市场进行分析和预测，从招生市场的空间中寻找幼儿园的坐标，找到招生的努力方向，为学校争取到尽量多的市场份额。

幼儿园招生市场策划必须了解本园辐射范围内家长的需求状况，充分利用幼儿园办学机制灵活的优势，根据市场进行开发式招生，以增强生源竞争力。

三、形象策划

形象是一所幼儿园的门面，更是一所幼儿园核心价值观的体现。招生形象往往是社会、家长、幼儿等接触到的第一印象，是能够直接影响幼儿家长是否选择某所幼儿园的首要因素。形象策划包括形象设计与形象展示两个环节，其内容涉及广告诉求语、屏幕形象、宣传画册及展板、招生资料、招生咨询场所人员形象等。

形象策划的目标是成功地建立起幼儿园的形象识别系统，使家长能够迅速地将幼儿园从众多的幼儿园或者纷繁的背景系统之中识别出来，并且形成一种积极的印象和认识，感受到幼儿园的勃勃生机和发展前途，感受到幼儿园的个性特色和明显优势。

四、公共关系策划

公共关系策划主要指幼儿园与社会公众相互交往、认识和了解的关系以及这种关系的发展过程。幼儿园必须充分发挥公共关系在招生过程中的作用，精心构思设计各种类型的公共关系活动，以增强自身的影响力、吸引力和知名度。公关活动类型包括宣传型、服务型（提供免费服务）、交往型、公益型、尊重型（征求社区及学生家长的意见）、维护型。公关的渠道包括口碑传扬、派驻招生代表、参加行业活动、开展专题活动、媒体广告、聘请著名专家和知名教授做顾问、邀请教育行政部门和教育科研机构的领导专家到园视察指导等。公共关系活动的程序一般由调查研究、确立目标，编制计划、设计方案、策划实施、传播沟通，评估结果、反馈调整等几个步骤组成。公共关系专题活动包括新闻发布会、幼儿园成就展览会、社会公益活动、招生咨询会、参观考察等。

五、广告策划

招生广告就是有计划地通过媒体向招生目标群传递幼儿园的办学优势特色以及报名信息，以介绍、说服、提醒为内容，起到唤起注意、引起兴趣、启发欲望、导致行动等作用。招生广告策划的关键在于创意。好的创意应该简捷、突出、独特、联想、凝神、形象、时尚。常用的媒体主要有招生简章、幼儿园展板、宣传品、电视、广播、网络等。

六、管理策划

为了完成招生任务，实现招生目标，必须对招生活动进行计划、组织、激励、协调和控制。管理策划要求选择热爱、熟悉招生工作的人员，对招生工作的机构、人员进行策划安排，确立一个精干、高效的招生工作小组，优化配置各种招生资源，建立科学、高效的指挥协调机制，使招生工作有条不紊，规范展开，高效进行。

【任务模板】

×××幼儿园招生宣传活动方案

一、前　言[1]

介绍幼儿园的品牌市场情况：×××幼儿园位于×××，有××良好情况，但受×××等的不良影响，招生情况比较复杂。春季招生旺季已至，由最近咨询调查情况得知，家长普遍对幼儿入园的焦虑情绪比较担心，期望老师更加有爱心，幼儿园更加有方法。希望借助一系列的亲子活动/宣传来达成×××的目的。

二、活动目的[2]

1. 吸引报名

2. 补齐全费

3. 扩大宣传

（以上只是一个大概条目，仅供参考）

三、活动时间[3]：×年×月×日

四、活动地点[4]：×××

五、现场报名学费及优惠[5]

学费×××/月，现场缴费前五名可一次性减免学费500元，缴纳报名费可赠送精美礼物一份。

六、活动流程[6]

（一）×月×日——×月×日，前期准备。

（二）×月×日——×月×日，现场活动。

要求有三个以上的宣传方法，并写清楚具体的宣传内容。如：

1. 师生才艺展示

活动内容或者流程（略）

2. 亲子活动

活动内容或者流程（略）

3. 现场特色教学

活动内容或者流程（略）

（三）×月×日——×月×日，扫尾工作。[7]

【指导要点】

[1] 招生宣传工作是一个知己知彼的工作。首先，在宣传前应该做好充分的市场调查，

一般包括两个方面：一是周边地区儿童及其家庭教育需求调查，二是家庭的分类调查，重点了解有教育需求家庭的数量、特点及分布，明确目标顾客、潜在顾客，掌握家庭的基本资料。其次，需了解周边地区竞争幼儿园的情况，包括竞争对手的数量与规模，分布与构成，竞争对手的优缺点及营销策略，做到心中有数，有的放矢地采取一些竞争策略。最后，明确自身幼儿园的特色，确定适合的促销手段和宣传目的。

［2］ 活动目标一般包括扩大销售量（增加招生人数）、提高市场占有率、宣传幼儿园品牌等，从侧面体现了幼儿园营销策略和销售定位。

［3］ 活动时间一般与宣传目的匹合，不同时间段的活动，宣传重点不同。如开学前侧重招生，学期中重视品牌印象的建立。

［4］ 活动地点的选择要有利于活动的开展，如选择人流量较大、场地开放的地方，要有针对性。

［5］ 促销策略包括整体营销传播、增值服务、网络营销等，可以考虑折扣方式的多样性。

［6］ 活动流程是营销策略和方式的具体体现，既要注意活动的完整性，也要注意各个环节人员的具体分工和工作措施。在前期工作中需做好招生人员的培训工作。

［7］ 收尾工作主要是在活动结束后，总结本次活动中信息反馈情况和存在的问题，为下次活动的开展做准备。

附录1：

四川省幼儿园办园基本要求（试行）

一、幼儿园园舍

1. 幼儿园必须设置在安全区域内，远离各种污染源，严禁在污染区、危险区、噪音大的区域内或附近设置幼儿园。

2. 幼儿园园舍必须符合安全、消防要求，无危房、危墙，日照充足，场地干燥，排水通畅，符合《托儿所、幼儿园建筑设计规范》要求，有围墙、大门，独门独院，配备相应的消防设施、设备。

3. 园舍面积定额

（1）幼儿园用地面积。

规　模	用地面积（平方米）	生均用地面积（平方米/生）
25人以下	450	18
6个班	2 700	15
9个班	3 780	14

（2）具有与幼儿数量相当的户外活动场地和绿化用地供儿童使用，每生户外场地面积不低于2平方米。

（3）幼儿园房屋建筑面积定额。

每班有固定的幼儿活动室，面积不少于54平方米（若活动室与寝室共用，其面积不少于90平方米）。设有单独的寝室，每班每间面积不少于30平方米。各室通风良好，自然光线充足。

6个班（含6个班）以上的幼儿园至少有一个用于音体、电教、多媒体、建构、美工等活动的多功能活动室，面积不低于120平方米。

全园须设办公室、资料室、保健室、厨房、财会室、值班室、会议室、教工厕所等辅助用房。

寄宿制幼儿园园舍建设应增加集中浴室，6、9、12个班的使用面积分别为20、30、40平方米，供全园幼儿分批热水洗浴及更衣使用。

4. 不足25名幼儿的幼儿园或单设幼儿班，按一个班最低限标准设置。

二、幼儿园教职工人员配备

1. 幼儿园工作人员基本条件

（1）幼儿园园长应具备《幼儿园工作规程》规定的条件，即有幼儿师范学校（包括职业学校幼儿教育专业）毕业程度；或取得幼儿园教师任职资格，并有一定的组织管理能力和五年以上的幼教实际工作经验。

（2）幼儿园教师要具备《幼儿园工作规程》规定的条件，即有幼儿师范学校（包括职业学校幼儿教育专业）毕业程度，或取得幼儿园教师任职资格。

（3）幼儿园保育员应具有初中以上毕业程度，接受过幼儿保育职业培训。

（4）医师应当具有医学院校毕业程度，医士和护士具有中等卫生学校毕业程度，或者取得卫生行政部门的资格认可。保健员应当具有高中毕业程度，并受过儿童保健知识培训，取得卫生行政主管部门的认可资格。

（5）财会人员与炊事人员应当按国家和省有关规定持证上岗。

（6）全园教职工遵守国家法律，热爱学前教育事业，思想品德良好，为人师表，忠于职责，身心健康，五官端正，口齿清楚，无传染病史和精神病史。

2. 幼儿园教职工配备数量

（1）幼儿园规模及班额。招收3~6岁幼儿的全日制幼儿园一般不超过12个班，最多不超过15个班。寄宿制不超过9个班。各年龄班额如下：

	托班	小班	中班	大班	混龄班	学前班
年　龄	2~3岁	3~4岁	4~5岁	5~6岁	3~6岁	5~6岁
寄宿制		20人	25人	30人	25人	
全日制	20人	25人	30人	35人	30人	40人

（2）教职工配量比例。

园长：3个班以下的幼儿园设1人；4~9个班可设园长2人；10~12个班或寄宿制幼儿园设3人。

专职教师：全日制幼儿园每班配2~2.5人，农村幼儿园每班配1.5~2人，寄宿制幼儿园应适当增加。

保育员：全日制每班配1人，3岁以下及寄宿制每班配2~2.2人。医务人员：全日制3~6个班的幼儿园配1人，6~12个班的配2人。寄宿制幼儿园应适当增加。其他人员：幼儿园所需的炊事员、门卫、保洁、木工等人员，按实际需要专门配备，不得由上述人员兼任。

（3）不足25人的小型幼儿园或单设的幼儿班，按2名教师和1名保育员配备。

三、保教、卫生保健及教师办公设施设备

（1）幼儿生活设备：有适合各年龄儿童的木质桌、椅、儿童床，且数量相当，每生一椅，每生一床。每班有安全、牢固且便于儿童取放的玩具架、图书架。有儿童厕所、流水洗手设备、肥皂、毛巾架、每生专用毛巾、每生专用口杯等，寄宿制幼儿园应配有温热自来水设备。

（2）教育教学活动设备：各类玩具应种类齐全，包括体育、建构、角色、表演、科学启蒙、音乐、美工、劳作手工等多种类型。玩具数量丰富，基本保证幼儿活动需要，且投放合理，便于幼儿取放，并有适合幼儿年龄特点的自制玩具材料、设备。根据规模，有基本满足幼儿活动需要的大中小型体育活动器械。所有玩具应当安全、卫生、无毒。

适合各年龄段的幼儿读物生均不少于 5 册，种类是儿童数的 1/5，并适时更新。配备供教育、教研使用的教师各类参考资料、幼教刊物，教师用书（理论资料、刊物）人均 5 册以上，有配套的教育挂图、教学卡片、操作材料等。每班配有风琴和一定数量的打击乐器，有电视机、收录机、录像机或ＶＣＤ机、录像带等。6 个班以上的幼儿园还应配备一定数量的计算机和相关软件，并能充分利用。

（3）幼儿园办公设备配备：具备与教师数量相当的办公桌、椅，文件资料柜及办公用品。

（4）保健室医疗卫生器械配备：3 个班（含 3 个班）以上的幼儿园必须设保健室，并配备桌椅、药品柜、保健资料柜、流动水或代用流动水设施、诊察床、电冰箱、体重计、灯光视力箱、听诊器、对数视力表、身高坐高计、高压消毒锅、紫外线灯、常用消毒液、常用医疗器械、注射器、体温计、血压计、手电筒、压舌板、敷料、软皮尺、暖水袋、氧气袋、外用药、防治常见病的中西成药等。

3 个班以下的园所应配备卫生保健箱，并备有常规医疗器械（针、镊子、剪刀、弯盘等）、听诊器、血压计、体温计、手电筒、压舌板、敷料、护创膏、纱布、棉球、棉签、软皮尺等，同时备有外用药（红药水、紫药水、75%酒精、双氧水等）和防止常见病的中西成药。

四、保育教育工作

（1）认真执行《幼儿园工作规程》《幼儿园教育指导纲要（试行）》，遵循幼儿身心发展规律和特点，科学合理安排幼儿一日活动，对幼儿实施体、智、德、美诸方面全面发展的教育，促进儿童身心和谐发展。

（2）认真执行《托儿所幼儿园卫生保健管理办法》及有关卫生、保健的法规、规章制度，建立并落实幼儿健康检查、定期卫生消毒、计划免疫、疾病预防、病儿隔离、药物管理等卫生保健制度，做好幼儿生理和心理卫生保健工作。

（3）为幼儿提供卫生、合理、营养膳食，保证幼儿能够自由饮水。做好幼儿生活护理，不得限制幼儿饮水、如厕的时间和次数。

（4）创设安全、卫生、符合幼儿年龄特点和活动需要的生活、活动环境，开辟沙水池，环境应实现绿化、美化、净化、童趣化、教育化，充分发挥环境在幼儿活动中的作用。

（5）以游戏为基本活动，面向全体幼儿，注重个体差异，尊重幼儿活动意愿，关注幼儿的实际需要、经验和兴趣，寓教育于各项活动之中。教师在教育活动中坚持说普通话，保证幼儿每天户外活动时间不少于 1 小时。

（6）做好幼儿园安全、消防工作，确保师生安全。建立各项安全制度和幼儿接送制度，配备消防设备，做好安全防护工作，防止意外事故发生。

（7）幼儿园不得进行违背幼儿教育规律、有损幼儿身心健康的实验和活动。

（8）加强与家庭、社区的联系与合作，合理利用家庭、社区各种教育资源。

五、管理工作

（1）认真执行《幼儿园管理条例》和《幼儿园工作规程》，办园思想端正，有正确的办园宗旨，规范办园，依法到当地教育行政部门登记注册，自觉接受当地教育行政部门的监督、管理、检查和指导。

（2）实行园长负责制、教师聘任制，建立园务委员会，实行民主管理、教职工代表会议制度。

（3）幼儿园主办者要确保幼儿园经费投入，保证幼儿园的正常运转。严格执行有关幼儿园收费政策，专款专用，不得克扣、挪用幼儿伙食费。

（4）幼儿园名称中不得带有与实际不符或者易产生误导作用的词语，如"国际""中华""中国""双语""艺术"等字样。

附录2：

幼儿园园长专业标准

教师〔2015〕2号

教育部 2015年1月10日

为促进幼儿园园长专业发展，建设高素质幼儿园园长队伍，深入推进学前教育改革与发展，根据《中华人民共和国教育法》等有关法律法规，特制定本标准。

园长是履行幼儿园领导与管理工作职责的专业人员。本标准是对幼儿园合格园长专业素质的基本要求，是引领幼儿园园长专业发展的基本准则，是制订幼儿园园长任职资格标准、培训课程标准、考核评价标准的重要依据。

一、办学理念

（一）以德为先

坚持社会主义办园方向和党对教育的领导，贯彻党和国家的教育方针政策，将社会主义核心价值观融入幼儿园工作，履行法律赋予园长的权利和义务，主动维护儿童合法权益；热爱学前教育事业和幼儿园管理工作，具有服务国家、服务人民的社会责任感和使命感；践行职业道德规范，立德树人，关爱幼儿，尊重教职工，为人师表，勤勉敬业，公正廉洁。

（二）幼儿为本

坚持幼儿为本的办园理念，把促进幼儿快乐健康成长作为幼儿园工作的出发点和落脚点，让幼儿度过快乐而有意义的童年；面向全体幼儿，平等对待不同民族、种族、性别、身体状况及家庭状况的幼儿；尊重个体差异，提供适宜教育，促进幼儿富有个性地全面发展；树立科学的儿童观与教育观，使每个幼儿都能接受有质量的教育。

（三）引领发展

园长作为幼儿园改革与发展的带头人，担负引领幼儿园和教师发展的重任。把握正确办园方向，坚持依法办园，建立健全幼儿园各项规章制度，实施科学管理、民主管理，推动幼儿园可持续发展；尊重教师专业发展规律，激发教师自主成长的内在动力。

（四）能力为重

秉承先进教育理念和管理理念，突出园长的领导力和执行力。不断提高规划幼儿园发展、营造育人文化、领导保育教育、引领教师成长、优化内部管理和调适外部环境等方面的能力；坚持在不断的实践与反思过程中，提升自身的专业能力。

（五）终身学习

牢固树立终身学习的观念，将学习作为园长专业发展、改进工作的重要途径；优化专业知识结构，提高科学文化艺术素养；与时俱进，及时了解国内外学前教育改革与发展的趋势；注重学习型组织建设，使幼儿园成为园长、教师、家长与幼儿共同成长的家园。

二、专业要求

专业职责		专业要求
一 规划幼儿园发展	专业理解与认识	1. 坚持学前教育的公益性、普惠性，充分认识学前教育对幼儿身心健康、习惯养成、智力发展具有重要意义。 2. 重视幼儿园发展规划的制定和实施，凝聚教职工智慧，建立共同发展愿景，明确发展目标，形成办园合力。 3. 尊重幼儿教育规律，继承优良办园传统，立足幼儿园实际，因地制宜办好幼儿园。
	专业知识与方法	4. 掌握国家的教育方针和相关的法律法规，熟悉《幼儿园工作规程》《幼儿园教育指导纲要（试行）》《3-6岁儿童学习与发展指南》等学前教育的相关政策。 5. 了解国内外学前教育改革发展的基本趋势，学习优质幼儿园的成功经验。 6. 掌握幼儿园发展规划制定、实施与测评的理论、方法与技术。
	专业能力与行为	7. 把握幼儿园发展现状，分析幼儿园发展面临的问题和挑战，形成幼儿园发展思路。 8. 组织专家、教职工、家长、社区人士等多方力量参与制定幼儿园发展规划。 9. 依据发展规划指导教职工制订并落实学年、学期工作计划，提供人、财、物等条件支持。 10. 监测幼儿园发展规划实施过程与成效，根据实施情况修正幼儿园发展规划，调整工作计划，完善行动方案。
二 营造育人文化	专业理解与认识	11. 把文化育人作为办园的重要内容与途径，促进幼儿体、智、德、美各方面的协调发展。 12. 重视幼儿园文化潜移默化的教育功能，将中华优秀传统文化融入幼儿园文化建设。 13. 将尊重和关爱师幼、体现人格尊严、感受和谐快乐作为幼儿园育人文化建设的核心，陶冶幼儿情操、启迪幼儿智慧。
	专业知识与方法	14. 具备一定的自然科学、人文社会科学知识，具有良好的品德和艺术修养。 15. 了解幼儿园文化建设的基本理论，掌握促进优秀文化融入幼儿园教育的方法和途径。 16. 掌握幼儿身心发展特点，理解和欣赏幼儿的特有表达方式。
	专业能力与行为	17. 营造体现办园理念的自然环境和人文环境，形成积极向上、宽容友善、充满爱心、健康活泼的园风园貌。 18. 营造陶冶教师和幼儿情操的育人氛围，向教师推荐优秀的精神文化作品和幼儿经典读物，防范不良文化的负面影响。 19. 根据幼儿身心发展特点和接受能力，将爱学习、爱劳动、爱祖国教育融入幼儿园一日生活和游戏活动之中。 20. 凝聚幼儿园文化建设力量，鼓励幼儿积极参与，发挥教师的主导作用，鼓励社会（社区）和家庭参与幼儿园文化建设。

续表

专业职责		专业要求
三、领导保育教育	专业理解与认识	21. 坚持保教结合的基本原则，把幼儿的安全与健康放在首位，对幼儿发展有合理期望。 22. 珍视游戏和生活的独特价值，尊重和保护幼儿的好奇心和学习兴趣，重视幼儿良好的学习品质培养。将人际交往和社会适应作为幼儿良好社会性发展的重要内容。不得以任何形式提前教授小学内容，防止和克服幼儿园教育"小学化"倾向。 23. 尊重教师的保育教育经验和智慧，积极推进保育教育改革。
	专业知识与方法	24. 掌握国家关于幼儿不同年龄阶段的发展目标和幼儿园保育教育目标。 25. 熟悉幼儿园环境创设、幼儿园一日生活、游戏活动等教育活动组织与实施的知识和方法。 26. 了解国内外幼儿园保育教育的发展动态和改革经验，了解教育信息技术在幼儿园管理和保育教育活动中应用的一般原理和方法。
	专业能力与行为	27. 落实国家关于保育教育的相关规定，立足本园实际，组织制定并科学实施保育教育活动方案。 28. 具备较强的课程领导和管理能力，指导幼儿园教师根据每个幼儿的发展需要，制定个性化的教育方案，组织开展灵活多样的教育活动。 29. 建立园长深入班级指导保育教育活动制度，利用日常观察、观摩活动等方式，及时了解、评价保育教育状况并给予建设性反馈。 30. 领导和保障保育教育研究活动的开展，提升保育教育水平。
四、引领教师成长	专业理解与认识	31. 尊重、信任、团结和赏识每一位保教人员，促进保教人员的团结合作。 32. 重视园长在教师专业发展过程中的引领作用，积极创设条件，激励教师的专业发展。 33. 具有明确的建立教师专业发展共同体的意识。
	专业知识与方法	34. 把握保教人员的职业素养要求，明确幼儿园教师的权利和义务。 35. 熟悉幼儿园教师专业发展各阶段的规律和特点，掌握指导教师开展保育教育实践与研究的方法。 36. 掌握园本教研、合作学习等学习型组织建设的方法以及激励教师主动发展的策略。
	专业能力与行为	37. 了解教师专业发展的需求，鼓励支持教师积极参加在职能力提升培训，为教师创造并提供专业发展的条件和环境。 38. 建立健全教师专业发展激励和评价制度，构建教研训一体的机制，落实每位教师五年一周期不少于360学时的培训要求。 39. 培养优良的师德师风，落实教师职业道德规范要求和违反职业道德行为处理办法，引导支持教师坚定理想信念、提高道德情操、掌握扎实学识、秉持仁爱之心，不断提升教师的精神境界。增强保教人员法治意识，严禁歧视、虐待、体罚和变相体罚等损害幼儿身心健康的行为。 40. 维护和保障教职工合法权益和待遇，关爱教职工身心健康，建立优教优酬的激励制度。
五、优化内部管理	专业理解与认识	41. 坚持依法办园，自觉接受教职工、家长和社会的监督。 42. 崇尚以德治园，注重园长榜样示范、人格魅力、专业引领在管理中的积极作用。 43. 尊重幼儿园管理规律，实行科学管理与民主管理。
	专业知识与方法	44. 掌握国家对幼儿园管理的法律法规、政策要求和园长的职责定位。 45. 熟悉幼儿园管理的基本知识，了解国内外幼儿园管理的先进经验。 46. 掌握幼儿园园舍规划、卫生保健、安全保卫、教职工管理、财务资产等管理方法与实务。

续表

专业职责		专业要求
五、优化内部管理	专业能力与行为	47. 形成幼儿园领导班子的凝聚力，认真听取党组织对幼儿园重大决策的意见，充分发挥党组织的政治核心作用。 48. 建立健全幼儿园管理的各项规章制度，严格落实教师、保育员、保健医、保安、厨师等岗位职责，提高幼儿园管理规范化、科学化水平。 49. 建立教职工大会或教职工代表会议制度，推行园务公开，尊重和保障教职工参与幼儿园管理的民主权利，有条件的幼儿园可根据需要建立园务委员会。 50. 建立和完善幼儿园应急机制，制定相应预案，定期实施安全演练，指导教职工正确应对和妥善处置各类自然灾害、公共卫生、意外伤害等突发事件。
六、调适外部环境	专业理解与认识	51. 充分认识家庭是幼儿园重要的合作伙伴，积极争取家长的理解、支持和主动参与，促进家园共育。 52. 重视利用自然环境和社会（社区）的教育资源，扩展幼儿生活和学习的空间。 53. 注重引导幼儿适当参与社会生活，丰富生活经验，发展社会性。
	专业知识与方法	54. 掌握幼儿园与家长、相关社会机构及部门有效沟通的策略与方法。 55. 熟悉社会（社区）教育资源的功能与特点。 56. 指导教师了解幼儿家庭教育的基本情况，掌握家园共育的知识与方法。
	专业能力与行为	57. 建立幼儿园对外合作与交流机制，开放办园，形成幼儿园与家庭、社会（社区）及园际间的良性互动。 58. 面向家庭和社会（社区）开展公益性科学育儿的指导和宣传，利用家长学校、家长会、家长开放日等形式，帮助家长了解幼儿园保教情况。开展家庭教育指导，注重通过多种途径，转变家长教育观念，提高家长科学育儿能力。 59. 加强幼儿园与社会（社区）的联系，利用文化、交通、消防等部门的社会教育资源，丰富幼儿园的教育活动。 60. 引导家长委员会及社会有关人士参与幼儿园教育、管理工作，吸纳合理建议。

三、实施意见

（一）本标准适用于国家和社会力量举办的幼儿园正、副职园长。各省、自治区、直辖市教育行政部门可以依据本标准制定符合本地区实际情况的实施意见。

（二）各级教育行政部门要将本标准作为幼儿园园长队伍建设和管理的重要依据。根据学前教育改革发展的需要，充分发挥本标准的引领和导向作用，制订幼儿园园长队伍建设规划。严格幼儿园园长任职资格标准，完善幼儿园园长选拔任用制度。建立幼儿园园长培养培训质量保障体系，形成科学有效的幼儿园园长队伍建设与管理机制，为促进学前教育发展提供制度保障。

（三）幼儿园园长培训机构要将本标准作为园长培训的主要依据。重视园长职业特点，加强相关学科和专业建设。根据园长专业发展阶段的不同需求，完善培训方案，科学设置培训课程，改革培训模式和方法。加强园长培训的师资队伍建设，开展园长专业成长的科学研究，促进园长专业发展。

（四）幼儿园园长要将本标准作为自身专业发展的基本准则。制订自我专业发展规划，爱岗敬业，增强专业发展自觉性。主动参加园长培训和自主研修，不断提升专业发展水平，努力成为学前教育和幼儿园管理专家。

附录3：

幼儿园工作规程

2015年12月14日发布

第一章 总 则

第一条 为了加强幼儿园的科学管理，规范办园行为，提高保育和教育质量，促进幼儿身心健康，依据《中华人民共和国教育法》等法律法规，制定本规程。

第二条 幼儿园是对3周岁以上学龄前幼儿实施保育和教育的机构。幼儿园教育是基础教育的重要组成部分，是学校教育制度的基础阶段。

第三条 幼儿园的任务是：贯彻国家的教育方针，按照保育与教育相结合的原则，遵循幼儿身心发展特点和规律，实施德、智、体、美等方面全面发展的教育，促进幼儿身心和谐发展。

幼儿园同时面向幼儿家长提供科学育儿指导。

第四条 幼儿园适龄幼儿一般为3周岁至6周岁。

幼儿园一般为三年制。

第五条 幼儿园保育和教育的主要目标是：

（一）促进幼儿身体正常发育和机能的协调发展，增强体质，促进心理健康，培养良好的生活习惯、卫生习惯和参加体育活动的兴趣。

（二）发展幼儿智力，培养正确运用感官和运用语言交往的基本能力，增进对环境的认识，培养有益的兴趣和求知欲望，培养初步的动手探究能力。

（三）萌发幼儿爱祖国、爱家乡、爱集体、爱劳动、爱科学的情感，培养诚实、自信、友爱、勇敢、勤学、好问、爱护公物、克服困难、讲礼貌、守纪律等良好的品德行为和习惯，以及活泼开朗的性格。

（四）培养幼儿初步感受美和表现美的情趣和能力。

第六条 幼儿园教职工应当尊重、爱护幼儿，严禁虐待、歧视、体罚和变相体罚、侮辱幼儿人格等损害幼儿身心健康的行为。

第七条 幼儿园可分为全日制、半日制、定时制、季节制和寄宿制等。上述形式可分别设置，也可混合设置。

第二章 幼儿入园和编班

第八条 幼儿园每年秋季招生。平时如有缺额，可随时补招。

幼儿园对烈士子女、家中无人照顾的残疾人子女、孤儿、家庭经济困难幼儿、具有接受普通教育能力的残疾儿童等入园，按照国家和地方的有关规定予以照顾。

第九条 企业、事业单位和机关、团体、部队设置的幼儿园，除招收本单位工作人员的子女外，应当积极创造条件向社会开放，招收附近居民子女入园。

第十条 幼儿入园前，应当按照卫生部门制定的卫生保健制度进行健康检查，合格者方可入园。

幼儿入园除进行健康检查外，禁止任何形式的考试或测查。

第十一条 幼儿园规模应当有利于幼儿身心健康，便于管理，一般不超过360人。

幼儿园每班幼儿人数一般为：小班（3周岁至4周岁）25人，中班（4周岁至5周岁）30人，大班（5周岁至6周岁）35人，混合班30人。寄宿制幼儿园每班幼儿人数酌减。

幼儿园可以按年龄分别编班，也可以混合编班。

第三章 幼儿园的安全

第十二条 幼儿园应当严格执行国家和地方幼儿园安全管理的相关规定，建立健全门卫、房屋、设备、消防、交通、食品、药物、幼儿接送交接、活动组织和幼儿就寝值守等安全防护和检查制度，建立安全责任制和应急预案。

第十三条 幼儿园的园舍应当符合国家和地方的建设标准，以及相关安全、卫生等方面的规范，定期检查维护，保障安全。幼儿园不得设置在污染区和危险区，不得使用危房。

幼儿园的设备设施、装修装饰材料、用品用具和玩教具材料等，应当符合国家相关的安全质量标准和环保要求。

入园幼儿应当由监护人或者其委托的成年人接送。

第十四条 幼儿园应当严格执行国家有关食品药品安全的法律法规，保障饮食饮水卫生安全。

第十五条 幼儿园教职工必须具有安全意识，掌握基本急救常识和防范、避险、逃生、自救的基本方法，在紧急情况下应当优先保护幼儿的人身安全。

幼儿园应当把安全教育融入一日生活，并定期组织开展多种形式的安全教育和事故预防演练。

幼儿园应当结合幼儿年龄特点和接受能力开展反家庭暴力教育，发现幼儿遭受或者疑似遭受家庭暴力的，应当依法及时向公安机关报案。

第十六条 幼儿园应当投保校方责任险。

第四章 幼儿园的卫生保健

第十七条 幼儿园必须切实做好幼儿生理和心理卫生保健工作。

幼儿园应当严格执行《托儿所幼儿园卫生保健管理办法》以及其他有关卫生保健的法规、规章和制度。

第十八条 幼儿园应当制定合理的幼儿一日生活作息制度。正餐间隔时间为3.5－4小时。在正常情况下，幼儿户外活动时间（包括户外体育活动时间）每天不得少于2小时，寄宿制幼儿园不得少于3小时；高寒、高温地区可酌情增减。

第十九条 幼儿园应当建立幼儿健康检查制度和幼儿健康卡或档案。每年体检一次，每半年测身高、视力一次,每季度量体重一次;注意幼儿口腔卫生,保护幼儿视力。

幼儿园对幼儿健康发展状况定期进行分析、评价,及时向家长反馈结果。

幼儿园应当关注幼儿心理健康,注重满足幼儿的发展需要,保持幼儿积极的情绪状态,让幼儿感受到尊重和接纳。

第二十条 幼儿园应当建立卫生消毒、晨检、午检制度和病儿隔离制度,配合卫生部门做好计划免疫工作。

幼儿园应当建立传染病预防和管理制度,制定突发传染病应急预案,认真做好疾病防控工作。

幼儿园应当建立患病幼儿用药的委托交接制度,未经监护人委托或者同意,幼儿园不得给幼儿用药。幼儿园应当妥善管理药品,保证幼儿用药安全。

幼儿园内禁止吸烟、饮酒。

第二十一条 供给膳食的幼儿园应当为幼儿提供安全卫生的食品,编制营养平衡的幼儿食谱,定期计算和分析幼儿的进食量和营养素摄取量,保证幼儿合理膳食。

幼儿园应当每周向家长公示幼儿食谱,并按照相关规定进行食品留样。

第二十二条 幼儿园应当配备必要的设备设施,及时为幼儿提供安全卫生的饮用水。

幼儿园应当培养幼儿良好的大小便习惯,不得限制幼儿便溺的次数、时间等。

第二十三条 幼儿园应当积极开展适合幼儿的体育活动,充分利用日光、空气、水等自然因素以及本地自然环境,有计划地锻炼幼儿肌体,增强身体的适应和抵抗能力。正常情况下,每日户外体育活动不得少于1小时。

幼儿园在开展体育活动时,应当对体弱或有残疾的幼儿予以特殊照顾。

第二十四条 幼儿园夏季要做好防暑降温工作,冬季要做好防寒保暖工作,防止中暑和冻伤。

第五章 幼儿园的教育

第二十五条 幼儿园教育应当贯彻以下原则和要求:

(一)德、智、体、美等方面的教育应当互相渗透,有机结合。

(二)遵循幼儿身心发展规律,符合幼儿年龄特点,注重个体差异,因人施教,引导幼儿个性健康发展。

(三)面向全体幼儿,热爱幼儿,坚持积极鼓励、启发引导的正面教育。

(四)综合组织健康、语言、社会、科学、艺术各领域的教育内容,渗透于幼儿一日生活的各项活动中,充分发挥各种教育手段的交互作用。

(五)以游戏为基本活动,寓教育于各项活动之中。

(六)创设与教育相适应的良好环境,为幼儿提供活动和表现能力的机会与条件。

第二十六条 幼儿一日活动的组织应当动静交替,注重幼儿的直接感知、实际操作和亲身体验,保证幼儿愉快的、有益的自由活动。

第二十七条 幼儿园日常生活组织,应当从实际出发,建立必要、合理的常规,坚持一贯性和灵活性相结合,培养幼儿的良好习惯和初步的生活自理能力。

第二十八条 幼儿园应当为幼儿提供丰富多样的教育活动。

教育活动内容应当根据教育目标、幼儿的实际水平和兴趣确定，以循序渐进为原则，有计划地选择和组织。

教育活动的组织应当灵活地运用集体、小组和个别活动等形式，为每个幼儿提供充分参与的机会，满足幼儿多方面发展的需要，促进每个幼儿在不同水平上得到发展。

教育活动的过程应注重支持幼儿的主动探索、操作实践、合作交流和表达表现，不应片面追求活动结果。

第二十九条　幼儿园应当将游戏作为对幼儿进行全面发展教育的重要形式。

幼儿园应当因地制宜创设游戏条件，提供丰富、适宜的游戏材料，保证充足的游戏时间，开展多种游戏。

幼儿园应当根据幼儿的年龄特点指导游戏，鼓励和支持幼儿根据自身兴趣、需要和经验水平，自主选择游戏内容、游戏材料和伙伴，使幼儿在游戏过程中获得积极的情绪情感，促进幼儿能力和个性的全面发展。

第三十条　幼儿园应当将环境作为重要的教育资源，合理利用室内外环境，创设开放的、多样的区域活动空间，提供适合幼儿年龄特点的丰富的玩具、操作材料和幼儿读物，支持幼儿自主选择和主动学习，激发幼儿学习的兴趣与探究的愿望。

幼儿园应当营造尊重、接纳和关爱的氛围，建立良好的同伴和师生关系。

幼儿园应当充分利用家庭和社区的有利条件，丰富和拓展幼儿园的教育资源。

第三十一条　幼儿园的品德教育应当以情感教育和培养良好行为习惯为主，注重潜移默化的影响，并贯穿于幼儿生活以及各项活动之中。

第三十二条　幼儿园应当充分尊重幼儿的个体差异，根据幼儿不同的心理发展水平，研究有效的活动形式和方法，注重培养幼儿良好的个性心理品质。

幼儿园应当为在园残疾儿童提供更多的帮助和指导。

第三十三条　幼儿园和小学应当密切联系，互相配合，注意两个阶段教育的相互衔接。

幼儿园不得提前教授小学教育内容，不得开展任何违背幼儿身心发展规律的活动。

第六章　幼儿园的园舍、设备

第三十四条　幼儿园应当按照国家的相关规定设活动室、寝室、卫生间、保健室、综合活动室、厨房和办公用房等，并达到相应的建设标准。有条件的幼儿园应当优先扩大幼儿游戏和活动空间。

寄宿制幼儿园应当增设隔离室、浴室和教职工值班室等。

第三十五条　幼儿园应当有与其规模相适应的户外活动场地，配备必要的游戏和体育活动设施，创造条件开辟沙地、水池、种植园地等，并根据幼儿活动的需要绿化、美化园地。

第三十六条　幼儿园应当配备适合幼儿特点的桌椅、玩具架、盥洗卫生用具，以及必要的玩教具、图书和乐器等。

玩教具应当具有教育意义并符合安全、卫生要求。幼儿园应当因地制宜，就地取材，自制玩教具。

第三十七条　幼儿园的建筑规划面积、建筑设计和功能要求，以及设施设备、玩教具配备，按照国家和地方的相关规定执行。

第七章 幼儿园的教职工

第三十八条 幼儿园按照国家相关规定设园长、副园长、教师、保育员、卫生保健人员、炊事员和其他工作人员等岗位，配足配齐教职工。

第三十九条 幼儿园教职工应当贯彻国家教育方针，具有良好品德，热爱教育事业，尊重和爱护幼儿，具有专业知识和技能以及相应的文化和专业素养，为人师表，忠于职责，身心健康。

幼儿园教职工患传染病期间暂停在幼儿园的工作。有犯罪、吸毒记录和精神病史者不得在幼儿园工作。

第四十条 幼儿园园长应当符合本规程第三十九条规定，并应当具有《教师资格条例》规定的教师资格、具备大专以上学历、有三年以上幼儿园工作经历和一定的组织管理能力，并取得幼儿园园长岗位培训合格证书。

幼儿园园长由举办者任命或者聘任，并报当地主管的教育行政部门备案。

幼儿园园长负责幼儿园的全面工作，主要职责如下：

（一）贯彻执行国家的有关法律、法规、方针、政策和地方的相关规定，负责建立并组织执行幼儿园的各项规章制度；

（二）负责保育教育、卫生保健、安全保卫工作；

（三）负责按照有关规定聘任、调配教职工，指导、检查和评估教师以及其他工作人员的工作，并给予奖惩；

（四）负责教职工的思想工作，组织业务学习，并为他们的学习、进修、教育研究创造必要的条件；

（五）关心教职工的身心健康，维护他们的合法权益，改善他们的工作条件；

（六）组织管理园舍、设备和经费；

（七）组织和指导家长工作；

（八）负责与社区的联系和合作。

第四十一条 幼儿园教师必须具有《教师资格条例》规定的幼儿园教师资格，并符合本规程第三十九条规定。

幼儿园教师实行聘任制。

幼儿园教师对本班工作全面负责，其主要职责如下：

（一）观察了解幼儿，依据国家有关规定，结合本班幼儿的发展水平和兴趣需要，制订和执行教育工作计划，合理安排幼儿一日生活；

（二）创设良好的教育环境，合理组织教育内容，提供丰富的玩具和游戏材料，开展适宜的教育活动；

（三）严格执行幼儿园安全、卫生保健制度，指导并配合保育员管理本班幼儿生活，做好卫生保健工作；

（四）与家长保持经常联系，了解幼儿家庭的教育环境，商讨符合幼儿特点的教育措施，相互配合共同完成教育任务；

（五）参加业务学习和保育教育研究活动；

（六）定期总结评估保教工作实效，接受园长的指导和检查。

第四十二条 幼儿园保育员应当符合本规程第三十九条规定，并应当具备高中毕业以上学历，受过幼儿保育职业培训。

幼儿园保育员的主要职责如下：

（一）负责本班房舍、设备、环境的清洁卫生和消毒工作；

（二）在教师指导下，科学照料和管理幼儿生活，并配合本班教师组织教育活动；

（三）在卫生保健人员和本班教师指导下，严格执行幼儿园安全、卫生保健制度；

（四）妥善保管幼儿衣物和本班的设备、用具。

第四十三条 幼儿园卫生保健人员除符合本规程第三十九条规定外，医师应当取得卫生行政部门颁发的《医师执业证书》；护士应当取得《护士执业证书》；保健员应当具有高中毕业以上学历，并经过当地妇幼保健机构组织的卫生保健专业知识培训。

幼儿园卫生保健人员对全园幼儿身体健康负责，其主要职责如下：

（一）协助园长组织实施有关卫生保健方面的法规、规章和制度，并监督执行；

（二）负责指导调配幼儿膳食，检查食品、饮水和环境卫生；

（三）负责晨检、午检和健康观察，做好幼儿营养、生长发育的监测和评价；定期组织幼儿健康体检，做好幼儿健康档案管理；

（四）密切与当地卫生保健机构的联系，协助做好疾病防控和计划免疫工作；

（五）向幼儿园教职工和家长进行卫生保健宣传和指导。

（六）妥善管理医疗器械、消毒用具和药品。

第四十四条 幼儿园其他工作人员的资格和职责，按照国家和地方的有关规定执行。

第四十五条 对认真履行职责、成绩优良的幼儿园教职工，应当按照有关规定给予奖励。对不履行职责的幼儿园教职工，应当视情节轻重，依法依规给予相应处分。

第八章 幼儿园的经费

第四十六条 幼儿园的经费由举办者依法筹措，保障有必备的办园资金和稳定的经费来源。

按照国家和地方相关规定接受财政扶持的提供普惠性服务的国有企事业单位办园、集体办园和民办园等幼儿园，应当接受财务、审计等有关部门的监督检查。

第四十七条 幼儿园收费按照国家和地方的有关规定执行。

幼儿园实行收费公示制度，收费项目和标准向家长公示，接受社会监督，不得以任何名义收取与新生入园相挂钩的赞助费。

幼儿园不得以培养幼儿某种专项技能、组织或参与竞赛等为由，另外收取费用；不得以营利为目的组织幼儿表演、竞赛等活动。

第四十八条 幼儿园的经费应当按照规定的使用范围合理开支，坚持专款专用，不得挪作他用。

第四十九条 幼儿园举办者筹措的经费，应当保证保育和教育的需要，有一定比例用于改善办园条件和开展教职工培训。

第五十条 幼儿膳食费应当实行民主管理制度，保证全部用于幼儿膳食，每月向家长公布账目。

第五十一条 幼儿园应当建立经费预算和决算审核制度,经费预算和决算应当提交园务委员会审议,并接受财务和审计部门的监督检查。

幼儿园应当依法建立资产配置、使用、处置、产权登记、信息管理等管理制度,严格执行有关财务制度。

第九章 幼儿园、家庭和社区

第五十二条 幼儿园应当主动与幼儿家庭沟通合作,为家长提供科学育儿宣传指导,帮助家长创设良好的家庭教育环境,共同担负教育幼儿的任务。

第五十三条 幼儿园应当建立幼儿园与家长联系的制度。幼儿园可采取多种形式,指导家长正确了解幼儿园保育和教育的内容、方法,定期召开家长会议,并接待家长的来访和咨询。

幼儿园应当认真分析、吸收家长对幼儿园教育与管理工作的意见与建议。

幼儿园应当建立家长开放日制度。

第五十四条 幼儿园应当成立家长委员会。

家长委员会的主要任务是:对幼儿园重要决策和事关幼儿切身利益的事项提出意见和建议;发挥家长的专业和资源优势,支持幼儿园保育教育工作;帮助家长了解幼儿园工作计划和要求,协助幼儿园开展家庭教育指导和交流。

家长委员会在幼儿园园长指导下工作。

第五十五条 幼儿园应当加强与社区的联系与合作,面向社区宣传科学育儿知识,开展灵活多样的公益性早期教育服务,争取社区对幼儿园的多方面支持。

第十章 幼儿园的管理

第五十六条 幼儿园实行园长负责制。

幼儿园应当建立园务委员会。园务委员会由园长、副园长、党组织负责人和保教、卫生保健、财会等方面工作人员的代表以及幼儿家长代表组成。园长任园务委员会主任。

园长定期召开园务委员会会议,遇重大问题可临时召集,对规章制度的建立、修改、废除,全园工作计划,工作总结,人员奖惩,财务预算和决算方案,以及其他涉及全园工作的重要问题进行审议。

第五十七条 幼儿园应当加强党组织建设,充分发挥党组织政治核心作用、战斗堡垒作用。幼儿园应当为工会、共青团等其他组织开展工作创造有利条件,充分发挥其在幼儿园工作中的作用。

第五十八条 幼儿园应当建立教职工大会制度或者教职工代表大会制度,依法加强民主管理和监督。

第五十九条 幼儿园应当建立教研制度,研究解决保教工作中的实际问题。

第六十条 幼儿园应当制订年度工作计划,定期部署、总结和报告工作。每学年年末应当向教育等行政主管部门报告工作,必要时随时报告。

第六十一条 幼儿园应当接受上级教育、卫生、公安、消防等部门的检查、监督和指导,如实报告工作和反映情况。

幼儿园应当依法接受教育督导部门的督导。

第六十二条 幼儿园应当建立业务档案、财务管理、园务会议、人员奖惩、安全管理以及与家庭、小学联系等制度。

幼儿园应当建立信息管理制度，按照规定采集、更新、报送幼儿园管理信息系统的相关信息，每年向主管教育行政部门报送统计信息。

第六十三条 幼儿园教师依法享受寒暑假期的带薪休假。幼儿园应当创造条件，在寒暑假期间，安排工作人员轮流休假。具体办法由举办者制定。

第十一章 附 则

第六十四条 本规程适用于城乡各类幼儿园。

第六十五条 省、自治区、直辖市教育行政部门可根据本规程，制订具体实施办法。

第六十六条 本规程自 2016 年 3 月 1 日起施行。1996 年 3 月 9 日由原国家教育委员会令第 25 号发布的《幼儿园工作规程》同时废止。

附录4：

托儿所幼儿园卫生保健工作规范

为贯彻落实《托儿所幼儿园卫生保健管理办法》（以下简称《管理办法》），加强托儿所、幼儿园（以下简称托幼机构）卫生保健工作，切实提高托幼机构卫生保健工作质量，特制定《托儿所幼儿园卫生保健工作规范》（以下简称《规范》）。

托幼机构卫生保健工作的主要任务是贯彻预防为主、保教结合的工作方针，为集体儿童创造良好的生活环境，预防控制传染病，降低常见病的发病率，培养健康的生活习惯，保障儿童的身心健康。

第一部分 卫生保健工作职责

一、托幼机构

（一）按照《管理办法》要求，设立保健室或卫生室，其设置应当符合本《规范》保健室设置基本要求。根据接收儿童数量配备符合相关资质的卫生保健人员。

（二）新设立的托幼机构，应当按照本《规范》卫生评价的要求进行设计和建设，招生前应当取得县级以上卫生行政部门指定的医疗卫生机构出具的符合本《规范》的卫生评价报告。

（三）制订适合本园（所）的卫生保健工作制度和年度工作计划，定期检查各项卫生保健制度的落实情况。

（四）严格执行工作人员和儿童入园（所）及定期健康检查制度。坚持晨午检及全日健康观察工作，卫生保健人员应当深入各班巡视。做好儿童转园（所）健康管理工作。定期开展儿童生长发育监测和五官保健，将儿童体检结果及时反馈给家长。

（五）加强园（所）的传染病预防控制工作。做好入园（所）儿童预防接种证的查验，配合有关部门按时完成各项预防接种工作。建立儿童传染病预防控制制度，做好晨午检，儿童缺勤要追查，因病缺勤要登记。明确传染病疫情报告人，发现传染病病人或疑似传染病人要早报告、早治疗，相关班级要重点消毒管理。做好园（所）内环境卫生、各项日常卫生和消毒工作。

（六）加强园（所）的伤害预防控制工作，建立因伤害缺勤登记报告制度，及时发现安全隐患，做好园（所）内伤害干预和评估工作。

（七）根据各年龄段儿童的生理、心理特点，在卫生保健人员参与下制订合理的一日生活制度和体格锻炼计划，开展适合儿童年龄特点的保育工作和体格锻炼。

（八）严格执行食品安全工作要求，配备食堂从业、管理人员和食品安全监管人员，制订各岗位工作职责，上岗前应当参加食品安全法律法规和儿童营养等专业知识培训。做好儿童的膳食管理工作，为儿童提供符合营养要求的平衡膳食。

（九）卫生保健人员应当按时参加妇幼保健机构召开的工作例会，并接受相关业务培训与指导；定期对托幼机构内工作人员进行卫生保健知识的培训；积极开展传染病、常见病防治的健康教育，负责消毒隔离工作的检查指导，做好疾病的预防与管理。

（十）根据工作要求，完成各项卫生保健工作记录的填写，作好各种统计分析，并将数据按要求及时上报辖区内妇幼保健机构。

二、妇幼保健机构

（一）配合卫生行政部门，制订辖区内托幼机构卫生保健工作规划、年度计划并组织实施，制订辖区内托幼机构卫生保健工作评估实施细则，建立完善的质量控制体系和评估制度。

（二）依据《管理办法》，由卫生行政部门指定的妇幼保健机构对新设立的托幼机构进行招生前的卫生评价工作，并出具卫生评价报告。

（三）受卫生行政部门委托，妇幼保健机构对取得办园（所）资格的托幼机构每3年进行1次卫生保健工作综合评估，并将结果上报卫生行政部门。

（四）地市级以上妇幼保健机构负责对当地托幼机构卫生保健人员进行岗前培训及考核，合格者颁发培训合格证。县级以上妇幼保健机构每年至少组织1次相关知识的业务培训或现场观摩活动。

（五）妇幼保健机构定期对辖区内的托幼机构卫生保健工作进行业务指导。内容包括一日生活安排、儿童膳食、体格锻炼、健康检查、卫生消毒、疾病预防、伤害预防、心理行为保健、健康教育、卫生保健资料管理等工作。

（六）协助辖区内食品药品监督管理、卫生监督和疾病预防控制等部门，开展食品安全、传染病预防与控制宣传教育等工作。

（七）对辖区内承担托幼机构儿童和工作人员健康检查服务的医疗卫生机构进行相关专业技术的指导和培训。

（八）负责定期组织召开辖区内托幼机构卫生保健工作例会，交流经验、学习卫生保健知识和技能。收集信息，掌握辖区内托幼机构卫生保健情况，为卫生行政部门决策提供相关依据。

三、相关机构

（一）疾病预防控制机构负责定期为托幼机构提供疾病预防控制的宣传、咨询服务和指导。

（二）卫生监督执法机构依法对托幼机构的饮用水卫生、传染病预防和控制等工作进行监督检查。

（三）食品药品监督管理机构中负责餐饮服务监督管理的部门依法加强对托幼机构食品安全的指导与监督检查。

（四）乡镇卫生院、村卫生室和社区卫生服务中心（站）应通过妇幼卫生网络、预防接种系统以及日常医疗卫生服务等多种途径掌握辖区中的适龄儿童数,并加强与托幼机构的联系,取得配合,做好儿童的健康管理。

第二部分 卫生保健工作内容与要求

一、一日生活安排

（一）托幼机构应当根据各年龄段儿童的生理、心理特点,结合本地区的季节变化和本托幼机构的实际情况,制订合理的生活制度。

（二）合理安排儿童作息时间和睡眠、进餐、大小便、活动、游戏等各个生活环节的时间、顺序和次数,注意动静结合、集体活动与自由活动结合、室内活动与室外活动结合,不同形式的活动交替进行。

（三）保证儿童每日充足的户外活动时间。全日制儿童每日不少于2小时,寄宿制儿童不少于3小时,寒冷、炎热季节可酌情调整。

（四）根据儿童年龄特点和托幼机构服务形式合理安排每日进餐和睡眠时间。制订餐、点数,儿童正餐间隔时间3.5~4小时,进餐时间20~30分钟/餐,餐后安静活动或散步时间10~15分钟。3~6岁儿童午睡时间根据季节以2~2.5小时/日为宜,3岁以下儿童日间睡眠时间可适当延长。

（五）严格执行一日生活制度,卫生保健人员应当每日巡视,观察班级执行情况,发现问题及时予以纠正,以保证儿童在托幼机构内生活的规律性和稳定性。

二、儿童膳食

（一）膳食管理。

1. 托幼机构食堂应当按照《食品安全法》《食品安全法实施条例》以及《餐饮服务许可管理办法》《餐饮服务食品安全监督管理办法》《学校食堂与学生集体用餐卫生管理规定》等有关法律法规和规章的要求,取得《餐饮服务许可证》,建立健全各项食品安全管理制度。

2. 托幼机构应当为儿童提供符合国家《生活饮用水卫生标准》的生活饮用水。保证儿童按需饮水。每日上、下午各1~2次集中饮水,1~3岁儿童饮水量50~100毫升/次,3~6岁儿童饮水量100~150毫升/次,并根据季节变化酌情调整饮水量。

3. 儿童膳食应当专人负责,建立有家长代表参加的膳食委员会并定期召开会议,进行民主管理。工作人员与儿童膳食要严格分开,儿童膳食费专款专用,账目每月公布,每学期膳食收支盈亏不超过2%。

4. 儿童食品应当在具有《食品生产许可证》或《食品流通许可证》的单位采购。食品进货前必须采购查验及索票索证,托幼机构应建立食品采购和验收记录。

5. 儿童食堂应当每日清扫、消毒,保持内外环境整洁。食品加工用具必须生熟标识明确、分开使用、定位存放。餐饮具、熟食盛器应在食堂或清洗消毒间集中清洗消毒,消毒后保洁存放。库存食品应当分类、注有标识、注明保质期、定位储藏。

6. 禁止加工变质、有毒、不洁、超过保质期的食物，不得制作和提供冷荤凉菜。留样食品应当按品种分别盛放于清洗消毒后的密闭专用容器内，在冷藏条件下存放48小时以上；每样品种不少于100克以满足检验需要，并作好记录。

7. 进餐环境应当卫生、整洁、舒适。餐前做好充分准备，按时进餐，保证儿童情绪愉快，培养儿童良好的饮食行为和卫生习惯。

（二）膳食营养。

1. 托幼机构应当根据儿童生理需求，以《中国居民膳食指南》为指导，参考"中国居民膳食营养素参考摄入量（DRIs）"和各类食物每日参考摄入量（见表），制订儿童膳食计划。

2. 根据膳食计划制订带量食谱，1~2周更换1次。食物品种要多样化且合理搭配。

3. 在主副食的选料、洗涤、切配、烹调的过程中，方法应当科学合理，减少营养素的损失，符合儿童清淡口味，达到营养膳食的要求。烹调食物注意色、香、味、形，提高儿童的进食兴趣。

4. 托幼机构至少每季度进行1次膳食调查和营养评估。儿童热量和蛋白质平均摄入量全日制托幼机构应当达到"DRIs"的80%以上，寄宿制托幼机构应当达到"DRIs"的90%以上。维生素A、B_1、B_2、C及矿物质钙、铁、锌等应当达到"DRIs"的80%以上。三大营养素热量占总热量的百分比是蛋白质12%~15%，脂肪30%~35%，碳水化合物50%~60%。每日早餐、午餐、晚餐热量分配比例为30%、40%和30%。优质蛋白质占蛋白质总量的50%以上。

5. 有条件的托幼机构可为贫血、营养不良、食物过敏等儿童提供特殊膳食。不提供正餐的托幼机构，每日至少提供1次点心。

表 儿童各类食物每日参考摄入量

食物种类	1~3岁	3~6岁
谷类	100~150克	180~260克
蔬菜类	150~200克	200~250克
水果类	150~200克	150~300克
鱼虾类		40~50克
禽畜肉类	100克	30~40克
蛋类		60克
液态奶	350~500毫升	300~400毫升
大豆及豆制品	—	25克
烹调油	20~25克	25~30克

注：《中国孕期、哺乳期妇女和0~6岁儿童膳食指南》（中国营养学会妇幼分会，2010年）

三、体格锻炼

（一）托幼机构应当根据儿童的年龄及生理特点，每日有组织地开展各种形式的体格锻炼，掌握适宜的运动强度，保证运动量，提高儿童身体素质。

（二）保证儿童室内外运动场地和运动器械的清洁、卫生、安全，做好场地布置和运动器械的准备。定期进行室内外安全隐患排查。

（三）利用日光、空气、水和器械，有计划地进行儿童体格锻炼。做好运动前的准备工作。运动中注意观察儿童面色、精神状态、呼吸、出汗量和儿童对锻炼的反应，若有不良反应要及时采取措施或停止锻炼；加强运动中的保护，避免运动伤害。运动后注意观察儿童的精神、食欲、睡眠等状况。

（四）全面了解儿童健康状况，患病儿童停止锻炼；病愈恢复期的儿童运动量要根据身体状况予以调整；体弱儿童的体格锻炼进程应当较健康儿童缓慢，时间缩短，并要对儿童运动反应进行仔细的观察。

四、健康检查

（一）儿童健康检查。

1. 入园（所）健康检查

（1）儿童入托幼机构前应当经医疗卫生机构进行健康检查，合格后方可入园（所）。

（2）承担儿童入园（所）体检的医疗卫生机构及人员应当取得相应的资格，并接受相关专业技术培训。应当按照《管理办法》规定的项目开展健康检查，规范填写"儿童入园（所）健康检查表（见附件1）"，不得违反规定擅自改变健康检查项目。

（3）儿童入园（所）体检中发现疑似传染病者应当"暂缓入园（所）"，及时确诊治疗。

（4）儿童入园（所）时，托幼机构应当查验"儿童入园（所）健康检查表""0～6岁儿童保健手册""预防接种证"。

发现没有预防接种证或未依照国家免疫规划受种的儿童，应当在30日内向托幼机构所在地的接种单位或县级疾病预防控制机构报告，督促监护人带儿童到当地规定的接种单位补证或补种。托幼机构应当在儿童补证或补种后复验预防接种证。

2. 定期健康检查

（1）承担儿童定期健康检查的医疗卫生机构及人员应当取得相应的资格。儿童定期健康检查项目包括：测量身长（身高）、体重，检查口腔、皮肤、心肺、肝脾、脊柱、四肢等，测查视力、听力，检测血红蛋白或血常规。

（2）1～3岁儿童每年健康检查2次，每次间隔6个月；3岁以上儿童每年健康检查1次。所有儿童每年进行1次血红蛋白或血常规检测。1～3岁儿童每年进行1次听力筛查；4岁以上儿童每年检查1次视力。体检后应当及时向家长反馈健康检查结果。

（3）儿童离开园（所）3个月以上需重新按照入园（所）检查项目进行健康检查。

（4）转园（所）儿童持原托幼机构提供的"儿童转园（所）健康证明""0～6岁儿童保健手册"可直接转园（所）。"儿童转园（所）健康证明"有效期3个月。

3. 晨午检及全日健康观察

（1）做好每日晨间或午间入园（所）检查。检查内容包括询问儿童在家有无异常情况，观察精神状况、有无发热和皮肤异常，检查有无携带不安全物品等，发现问题及时处理。

（2）应当对儿童进行全日健康观察，内容包括饮食、睡眠、大小便、精神状况、情绪、行为等，并作好观察及处理记录。

（3）卫生保健人员每日深入班级巡视2次，发现患病、疑似传染病儿童应当尽快隔离并与家长联系，及时到医院诊治，并追访诊治结果。

（4）患病儿童应当离园（所）休息治疗。如果接受家长委托喂药时，应当做好药品交接和登记，并请家长签字确认。

（二）工作人员健康检查。

1. 上岗前健康检查

（1）托幼机构工作人员上岗前必须按照《管理办法》的规定，经县级以上人民政府卫生行政部门指定的医疗卫生机构进行健康检查（见附件2），取得《托幼机构工作人员健康合格证》后方可上岗。

（2）精神病患者或者有精神病史者不得在托幼机构工作。

2. 定期健康检查

（1）托幼机构在岗工作人员必须按照《管理办法》规定的项目每年进行1次健康检查（见附件2）。

（2）在岗工作人员患有精神病者，应当立即调离托幼机构。

（3）凡患有下列症状或疾病者须离岗，治愈后须持县级以上人民政府卫生行政部门指定的医疗卫生机构出具的诊断证明，并取得"托幼机构工作人员健康合格证"后，方可回园（所）工作。

1）发热、腹泻等症状；
2）流感、活动性肺结核等呼吸道传染性疾病；
3）痢疾、伤寒、甲型病毒性肝炎、戊型病毒性肝炎等消化道传染性疾病；
4）淋病、梅毒、滴虫性阴道炎、化脓性或者渗出性皮肤病等。

（4）体检过程中发现异常者，由体检的医疗卫生机构通知托幼机构的患病工作人员到相关专科进行复查和确诊，并追访诊治结果。

五、卫生与消毒

（一）环境卫生。

1. 托幼机构应当建立室内外环境卫生清扫和检查制度，每周全面检查1次并记录，为儿童提供整洁、安全、舒适的环境。

2. 室内应当有防蚊、蝇、鼠、虫及防暑和防寒设备，并放置在儿童接触不到的地方。集中消毒应在儿童离园（所）后进行。

3. 保持室内空气清新、阳光充足。采取湿式清扫方式清洁地面。厕所做到清洁通风、无异味，每日定时打扫，保持地面干燥。便器每次用后及时清洗干净。

4. 卫生洁具各班专用专放并有标记。抹布用后及时清洗干净、晾晒、干燥后存放；拖布清洗后应当晾晒或控干后存放。

5. 枕席、凉席每日用温水擦拭，被褥每月曝晒1~2次，床上用品每月清洗1~2次。

6. 保持玩具、图书表面的清洁卫生，每周至少进行1次玩具清洗，每2周图书翻晒1次。

（二）个人卫生。

1. 儿童日常生活用品专人专用，保持清洁。要求每人每日1巾1杯专用，每人1床位1被

2. 培养儿童良好卫生习惯。饭前便后应当用肥皂、流动水洗手，早晚洗脸、刷牙，饭后漱口，做到勤洗头洗澡换衣、勤剪指（趾）甲，保持服装整洁。

3. 工作人员应当保持仪表整洁，注意个人卫生。饭前便后和护理儿童前应用肥皂、流动水洗手；上班时不戴戒指，不留长指甲；不在园（所）内吸烟。

（三）预防性消毒。

1. 儿童活动室、卧室应当经常开窗通风，保持室内空气清新。每日至少开窗通风2次，每次至少10~15分钟。在不适宜开窗通风时，每日应当采取其他方法对室内空气消毒2次。

2. 餐桌每餐使用前消毒。水杯每日清洗消毒，用水杯喝豆浆、牛奶等易附着于杯壁的饮品后，应当及时清洗消毒。反复使用的餐巾每次使用后消毒。擦手毛巾每日消毒1次。

3. 门把手、水龙头、床围栏等儿童易触摸的物体表面每日消毒1次。坐便器每次使用后及时冲洗，接触皮肤部位及时消毒。

4. 使用符合国家标准或规定的消毒器械和消毒剂。环境和物品的预防性消毒方法应当符合要求（见附件3）。

六、传染病预防与控制

（一）督促家长按免疫程序和要求完成儿童预防接种。配合疾病预防控制机构做好托幼机构儿童常规接种、群体性接种或应急接种工作。

（二）托幼机构应当建立传染病管理制度。托幼机构内发现传染病疫情或疑似病例后，应当立即向属地疾病预防控制机构（农村乡镇卫生院防保组）报告。

（三）班级老师每日登记本班儿童的出勤情况。对因病缺勤的儿童，应当了解儿童的患病情况和可能的原因，对疑似患传染病的，要及时报告给园（所）疫情报告人。园（所）疫情报告人接到报告后应当及时追查儿童的患病情况和可能的病因，以做到对传染病人的早发现。

（四）托幼机构内发现疑似传染病例时，应当及时设立临时隔离室，对患儿采取有效的隔离控制措施。临时隔离室内环境、物品应当便于实施随时性消毒与终末消毒，控制传染病在园（所）内暴发和续发。

（五）托幼机构应当配合当地疾病预防控制机构对被传染病病原体污染（或可疑污染）的物品和环境实施随时性消毒与终末消毒。

（六）发生传染病期间，托幼机构应当加强晨午检和全日健康观察，并采取必要的预防措施，保护易感儿童。对发生传染病的班级按要求进行医学观察，医学观察期间该班与其他班相对隔离，不办理入托和转园（所）手续。

（七）卫生保健人员应当定期对儿童及其家长开展预防接种和传染病防治知识的健康教育，提高其防护能力和意识。传染病流行期间，加强对家长的宣传工作。

（八）患传染病的儿童隔离期满后，凭医疗卫生机构出具的痊愈证明方可返回园（所）。根据需要，来自疫区或有传染病接触史的儿童，检疫期过后方可入园（所）。

七、常见病预防与管理

（一）托幼机构应当通过健康教育普及卫生知识，培养儿童良好的卫生习惯；提供合理平衡膳食；加强体格锻炼，增强儿童体质，提高对疾病的抵抗能力。

（二）定期开展儿童眼、耳、口腔保健，发现视力低常、听力异常、龋齿等问题进行登记管理，督促家长及时带患病儿童到医疗卫生机构进行诊断及矫治。

（三）对贫血、营养不良、肥胖等营养性疾病儿童进行登记管理，对中重度贫血和营养不良儿童进行专案管理，督促家长及时带患病儿童进行治疗和复诊。

（四）对先心病、哮喘、癫痫等疾病儿童，及对有药物过敏史或食物过敏史的儿童进行登记，加强日常健康观察和保育护理工作。

（五）重视儿童心理行为保健，开展儿童心理卫生知识的宣传教育，发现心理行为问题的儿童及时告知家长到医疗保健机构进行诊疗。

八、伤害预防

（一）托幼机构的各项活动应当以儿童安全为前提，建立定期全园（所）安全排查制度，落实预防儿童伤害的各项措施。

（二）托幼机构的房屋、场地、家具、玩教具、生活设施等应当符合国家相关安全标准和规定。

（三）托幼机构应当建立重大自然灾害、食物中毒、踩踏、火灾、暴力等突发事件的应急预案，如果发生重大伤害时应当立即采取有效措施，并及时向上级有关部门报告。

（四）托幼机构应当加强对工作人员、儿童及监护人的安全教育和突发事件应急处理能力的培训，定期进行安全演练，普及安全知识，提高自我保护和自救的能力。

（五）保教人员应当定期接受预防儿童伤害相关知识和急救技能的培训，做好儿童安全工作，消除安全隐患，预防跌落、溺水、交通事故、烧（烫）伤、中毒、动物致伤等伤害的发生。

九、健康教育

（一）托幼机构应当根据不同季节、疾病流行等情况制订全年健康教育工作计划，并组织实施。

（二）健康教育的内容包括膳食营养、心理卫生、疾病预防、儿童安全以及良好行为习惯的培养等。健康教育的形式包括举办健康教育课堂、发放健康教育资料、宣传专栏、咨询指导、家长开放日等。

（三）采取多种途径开展健康教育宣传。每季度对保教人员开展1次健康讲座，每学期至少举办1次家长讲座。每班有健康教育图书，并组织儿童开展健康教育活动。

（四）做好健康教育记录，定期评估相关知识知晓率、良好生活卫生习惯养成、儿童健康状况等健康教育效果。

十、信息收集

（一）托幼机构应当建立健康档案，包括：托幼机构工作人员健康合格证、儿童入园

（所）健康检查表、儿童健康检查表或手册、儿童转园（所）健康证明。

（二）托幼机构应当对卫生保健工作进行记录，内容包括：出勤、晨午检及全日健康观察、膳食管理、卫生消毒、营养性疾病、常见病、传染病、伤害和健康教育等记录（见附件4）。

（三）工作记录和健康档案应当真实、完整、字迹清晰。工作记录应当及时归档，至少保存3年。

（四）定期对儿童出勤、健康检查、膳食营养、常见病和传染病等进行统计分析，掌握儿童健康及营养状况（见附件5）。

（五）有条件的托幼机构可应用计算机软件对儿童体格发育评价、膳食营养评估等卫生保健工作进行管理。

第三部分　新设立托幼机构招生前卫生评价

一、卫生评价流程

（一）新设立的托幼机构，应当按照本《规范》卫生评价的标准进行设计和建设，招生前须向县级以上地方人民政府卫生行政部门指定的医疗卫生机构提交"托幼机构卫生评价申请书"（见附件6）。

（二）由县级以上地方人民政府卫生行政部门指定的医疗卫生机构负责组织专业人员，根据"新设立托幼机构招生前卫生评价表"（见附件7）的要求，在20个工作日内对提交申请的托幼机构进行卫生评价。根据检查结果出具"托幼机构卫生评价报告"（见附件8）。

（三）凡卫生评价为"合格"的托幼机构，即可向教育部门申请注册；凡卫生评价为"不合格"的托幼机构，整改后方可重新申请评价。

二、卫生评价标准

（一）环境卫生。

1. 园（所）内建筑物、户外场地、绿化用地及杂物堆放场地等总体布局合理，有明确功能分区。
2. 室外活动场地地面应平整、防滑，无障碍，无尖锐突出物。
3. 活动器材安全性符合国家相关规定。园（所）内严禁种植有毒、带刺的植物。
4. 室内环境的甲醛、苯及苯系物等检测结果符合国家要求。
5. 室内空气清新、光线明亮，安装防蚊蝇等有害昆虫的设施。
6. 每班有独立的厕所、盥洗室。每班厕所内设有污水池，盥洗室内有洗涤池。
7. 盥洗室内有流动水洗手装置，水龙头数量和间距设置合理。

（二）个人卫生。

1. 保证儿童每人每日1巾1杯专用，并有相应消毒设施。寄宿制儿童每人有专用洗漱用品。

2. 每班应当有专用的儿童水杯架、饮水设施及毛巾架，标识清楚，毛巾间距合理。

3. 儿童有安全、卫生、独自使用的床位和被褥。

（三）食堂卫生。

1. 食堂按照《餐饮服务许可审查规范》建设，必须获得《餐饮服务许可证》。

2. 园（所）内应设置区域性餐饮具集中清洗消毒间，消毒后有保洁存放设施。应当配有食物留样专用冰箱，并有专人管理。

3. 炊事人员与儿童配备比例：提供每日三餐一点的托幼机构应当达到 1:50，提供每日一餐二点或两餐一点的 1:80。

（四）保健室或卫生室设置。

1. 根据《托儿所幼儿园卫生保健管理办法》要求，设立保健室或卫生室。卫生室需有《医疗机构执业许可证》。

2. 保健室面积不少于 12 m^2，设有儿童观察床、桌椅、药品柜、资料柜、流动水或代用流动水等设施。

3. 保健室应配备儿童杠杆式体重秤、身高计（供 2 岁以上儿童使用）、量床（供 2 岁及以下儿童使用）、国际标准视力表或标准对数视力表灯箱、体围测量软尺等设备，以及消毒压舌板、体温计、手电筒等晨检用品。

4. 保健室应配备消毒剂、紫外线消毒灯或其他空气消毒装置。

（五）卫生保健人员配备。

1. 托幼机构的法定代表人或者负责人是本机构卫生保健工作的第一责任人。

2. 根据预招收儿童的数量配备符合国家规定的卫生保健人员。按照收托 150 名儿童至少设 1 名专职卫生保健人员的比例配备卫生保健人员，收托 150 名以下儿童的可配备兼职卫生保健人员。

3. 卫生保健人员上岗前应当接受当地妇幼保健机构组织的卫生保健专业知识培训并考核合格。

（六）工作人员健康检查。

1. 托幼机构工作人员上岗前应当经县级以上卫生行政部门指定的医疗卫生机构进行健康检查，并取得"托幼机构工作人员健康合格证"。

2. 炊事人员上岗前须取得"食品从业人员健康证"。

（七）卫生保健制度。

托幼机构应根据实际情况建立健全卫生保健制度，并具有可操作性。卫生保健制度包括一日生活安排、膳食管理、体格锻炼、卫生与消毒、入园（所）及定期健康检查、传染病预防与控制、常见疾病预防与管理、伤害预防、健康教育、卫生保健信息收集的制度。

第四部分 附 件

附件1

儿童入园（所）健康检查表

姓 名		性别		年龄		出生日期		年 月 日	
既往病史		1.先天性心脏病　2.癫痫　3.高热惊厥　4.哮喘　5.其他							
过敏史						儿童家长确认签名			
体格检查	体重	kg	评价		身长（高）	cm	评价		皮肤
	眼	左	视力	左	耳	左	口腔	牙齿数	
		右		右		右		龋齿数	
	头颅		胸廓		脊柱四肢			咽部	
	心肺		肝脾		外生殖器			其他	
辅助检查	血红蛋白（Hb）				丙氨酸氨基转移酶（ALT）				
	其他								
检查结果					医生意见				
医生签名： 体检日期：　　　年　月　日					检查单位： （检查单位盖章）				

填表说明：

1. 基本情况

既往病史：在对应的疾病上划"√"，"其他"栏中填写未注明的疾病；

过敏史：注明过敏的药物或食物等；

家长签字：儿童既往病史和过敏史须经家长确认后签字。

2. 体格检查

体重、身长（高）：填写检查实测数值，评价按离差法（上、中、下）或百分位数法（<P3，P3~P97，>P97）填写；

皮肤：未见异常填写（-），异常填写阳性体征；

眼：按左右眼填写，未见异常填写（-），眼外观异常，填写阳性体征；

视力：4岁以上儿童应测查视力，填写实测数值，未进行视力检查应注明"未测"，测查不合作者填写"不合作"；

耳：按左右耳填写，未见异常填写（-），外耳异常填写阳性体征；

口腔：填写牙齿萌出数，按牙位填写龋齿位置；

咽部：咽部检查未见异常填写（-），异常填写阳性体征；

头颅、胸廓、脊柱四肢：相关项目中未见异常填写（-），异常填写阳性体征；

心肺：听诊未见异常填写（-），异常注明阳性体征；

肝脾：填写肝脾触诊情况，未触及填写（-），触及肋下肝脾，按厘米填写；

外生殖器：检查男童，未见异常填写（-），异常者填写阳性体征；

其他：填写表格上未列入的其他阳性体征。

3. 辅助检查

血红蛋白（Hb）、丙氨酸氨基转移酶（ALT）：填写实际检测数值，并将化验报告贴附于儿童入园（所）健康检查表背面。

其他：根据需要，填写相关辅助检查结果，并将化验报告贴附于儿童入园（所）健康检查表背面。

4. 检查结果：注明检查中发现的疾病或阳性体征，如未见异常填写（-）。

5. 医生意见：根据检查结果，注明"体检合格""暂缓入园（所）"。

6. 医生签名：由主检医生签字，并填写日期。

7. 检查单位：加盖检查单位体检专用章。

附件2

托幼机构工作人员健康检查表

姓名		性别		年龄		婚否		编号		照片
单位				岗位				民族		
既往史	\multicolumn{9}{l	}{1. 肝炎（甲肝、戊肝等消化道传染病） 2. 结核 3. 皮肤病 4. 性传播性疾病 5. 精神病 6. 其他 受检者确认签字：}	
身份证号										
体格检查	血压				心肺			肝脾		
	皮肤				五官			其他		
化验检查	丙氨酸氨基转移酶（ALT）				滴虫					
	淋球菌				梅毒螺旋体					
	外阴阴道假丝酵母菌（念珠菌）				其他					
胸片检查										
其他检查										
检查结果					医生意见					

医生签名： 检查单位：
体检日期： 年 月 日 （检查单位盖章）

备注：1. 滴虫、外阴阴道假丝酵母菌指妇科检查项目。
　　　2. 胸片检查只限于上岗前及上岗后出现呼吸系统疑似症状者。
　　　3. 凡体检合格者，由健康检查单位签发健康合格证。

填表说明：
托幼机构工作人员健康检查表为工作人员上岗前和定期健康检查使用。
1. 基本情况
编号：根据工作需要排序编号；
单位：填写所在任职单位的全称；
岗位：按所在实际岗位填写，如园（所）长、教师、保育员、炊事人员、保健人员等；
身份证号：如实填写受检者身份证号；
照片：受检者本人近期照片贴于右上角。

2. 既往史：在对应的疾病上划"√"；"其他"栏中填写未注明的疾病；既往史经受检者确认后签字。

3. 体格检查

血压：填写检查实测数值，单位为 mmHg；

皮肤：未见异常填写（－），异常填写阳性体征；

五官：未见异常填写（－），异常填写阳性体征；

心肺：听诊未见异常填写（－），异常填写阳性体征；

肝脾：填写肝脾触诊情况，未触及填写（－），触及肋下肝脾，按厘米填写；

其他：填写表格上未列入的其他阳性体征。

4. 辅助检查

丙氨酸氨基转移酶（ALT）、梅毒螺旋体：填写实际血清检测数值；

滴虫、淋球菌、外阴阴道假丝酵母菌：按照阴道分泌物实际检测结果填写"（－）"或"（＋）"；

胸片检查：上岗前必须检查，上岗后出现呼吸系统疑似症状时检查，未见异常填写"（－）"，异常填写阳性体征；

其他：根据需要填写相关辅助检查结果；

将所有辅助检查报告及复查报告单贴附于托幼机构工作人员健康检查表背面。

5. 检查结果：注明检查中发现的疾病或阳性体征，如未见异常填写（－）。

6. 医生意见：根据检查结果，符合上岗条件者，填写"体检合格"及日期；发现不符合上岗条件者填写"体检不合格"，并及时离岗诊断治疗。

7. 医生签名：由主检医生签字，并填写日期。

8. 检查单位：加盖检查单位体检专用章。

附件3

托幼机构环境和物品预防性消毒方法

消毒对象	物理消毒方法	化学消毒方法	备注
空气	开窗通风每日至少2次；每次至少10～15分钟。		在外界温度适宜、空气质量较好、保障安全性的条件下，应采取持续开窗通风的方式。
空气	采用紫外线杀菌灯进行照射消毒每日1次，每次持续照射时间60分钟。		1. 不具备开窗通风空气消毒条件时使用。 2. 应使用移动式紫外线杀菌灯。按照每立方米1.5瓦计算紫外线杀菌灯管需要量。 3. 禁止紫外线杀菌灯照射人体体表。 4. 采用反向式紫外线杀菌灯在室内有人环境持续照射消毒时，应使用无臭氧式紫外线杀菌灯。
餐具、炊具、水杯	煮沸消毒15分钟或蒸汽消毒10分钟。		1. 对食具必须先去残渣、清洗后再进行消毒。 2. 煮沸消毒时，被煮物品应全部浸没在水中；蒸汽消毒时，被蒸物品应疏松放置，水沸后开始计算时间。
餐具、炊具、水杯	餐具消毒柜、消毒碗柜消毒。按产品说明使用。		1. 使用符合国家标准规定的产品。 2. 保洁柜无消毒作用。不得用保洁柜代替消毒柜进行消毒。
毛巾类织物	用洗涤剂清洗干净后，置阳光直接照射下曝晒干燥。		曝晒时不得相互叠夹。曝晒时间不低于6小时。
毛巾类织物	煮沸消毒15分钟或蒸汽消毒10分钟。		煮沸消毒时，被煮物品应全部浸没在水中；蒸汽消毒时，被蒸物品应疏松放置。
毛巾类织物		使用次氯酸钠类消毒剂消毒。使用浓度为有效氯250～400 mg/L，浸泡消毒20分钟。	消毒时将织物全部浸没在消毒液中，消毒后用生活饮用水将残留消毒剂冲净。
抹布	煮沸消毒15分钟或蒸汽消毒10分钟。		煮沸消毒时，抹布应全部浸没在水中；蒸汽消毒时，抹布应疏松放置。
抹布		使用次氯酸钠类消毒剂消毒。使用浓度为有效氯400 mg/L，浸泡消毒20分钟。	消毒时将抹布全部浸没在消毒液中，消毒后可直接控干或晾干存放；或用生活饮用水将残留消毒剂冲净后控干或晾干存放。

续表

消毒对象	物理消毒方法	化学消毒方法	备注
餐桌、床围栏、门把手、水龙头等物体表面		使用次氯酸钠类消毒剂消毒。使用浓度为有效氯 100~250 mg/L，消毒 10~30 分钟。	1. 可采用表面擦拭、冲洗消毒方式。 2. 餐桌消毒后要用生活饮用水将残留消毒剂擦净。 3. 家具等物体表面消毒后可用生活饮用水将残留消毒剂去除。
玩具、图书	每两周至少通风晾晒一次。		适用于不能湿式擦拭、清洗的物品。曝晒时不得相互叠夹。曝晒时间不低于 6 小时。
		使用次氯酸钠类消毒剂消毒。使用浓度为有效氯 100~250 mg/L，表面擦拭、浸泡消毒 10~30 分钟。	根据污染情况，每周至少消毒 1 次。
便盆、坐便器与皮肤接触部位、盛装吐泻物的容器		使用次氯酸钠类消毒剂消毒。使用浓度为有效氯 400~700 mg/L，浸泡或擦拭消毒 30 分钟。	1. 必须先清洗后消毒。 2. 浸泡消毒时将便盆全部浸没在消毒液中。 3. 消毒后用生活饮用水将残留消毒剂冲净后控干或晾干存放。
体温计		使用 75%~80% 乙醇溶液，浸泡消毒 3~5 分钟。	使用符合《中华人民共和国药典》规定的乙醇溶液。

备注：

1. 表中有效氯剂量是指使用符合卫生部《次氯酸钠类消毒剂卫生质量技术规范》规定的次氯酸钠类消毒剂；

2. 传染病消毒根据国家法规《中华人民共和国传染病防治法》规定，配合当地疾病预防控制机构实施。

附件4

卫生保健工作记录（登记）表

表1 晨午检及全日健康观察记录表

日期	姓名	班级	晨检情况	全日健康观察	处理	检查者
			家长主诉与检查	（症状与体检）		

备注：
记录晨午检和全日健康观察中发现的儿童异常情况。

表2 在园（所）儿童带药服药记录表

日期	班级	姓名	药物名称	服用剂量和时间	家长签字	喂药时间及签字

表3 儿童出勤登记表

班级：　　　　　　　　　　　　　　　　　　　　　　　　　　　　　　年　　月

姓名	日期							备注
	1	2	3	4	5	……	31	

备注：
1. "√"代表出勤，"○"代表缺勤；
2. 缺勤儿童查明原因后在"○"内补全相应的符号："×"代表病假，"—"代表事假；
3. 因病缺勤，需在备注栏注明疾病名称。

表4 儿童传染病登记表

姓名	性别	年龄	发病日期	传染病名称									诊断单位	诊断日期	处置
				手足口病	水痘	流行性腮腺炎	猩红热	急性出血性结膜炎	痢疾	麻疹	风疹	传染性肝炎	其他			
合计																

备注：
患某种传染病在该栏内划"√"。

表5 儿童营养性疾病及常见疾病登记表

班级	姓名	疾病名称	确诊日期	干预与治疗	转归

备注：
登记范围包括营养不良、贫血、单纯性肥胖、先心病、哮喘、癫痫、听力障碍、视力低常、龋齿等。

表6 班级卫生消毒检查记录表

日期	班级	消毒物体									
		开窗通风	餐桌	床围栏	门把手	水龙头	图书晾晒	玩具	被褥晾晒	厕所	其他

备注：
以"√"的方式完成此表。

表7 健康教育记录表

日期	地点	对象	形式	内容

备注：
1. 对象是指儿童、家长、保教人员等；
2. 形式是指宣传专栏、咨询指导、讲座、培训、发放健康教育资料等；
3. 内容是指园（所）内各项健康教育活动的主要内容。

表8 膳食委员会会议记录表

时间：
出席会议人员：
主持人：
会议议题：
会议记录：

备注：
1. 由负责召开膳食委员会会议的人员记录；
2. 会议议题：简单注明主要讨论及需要解决的问题；
3. 会议记录：记录围绕会议议题讨论的主要内容。

表9　儿童伤害登记表

年　　月　　日

姓名：　　　　性别：　　　　年龄：　　　　班级：	
伤害发生日期：　年　月　日　　伤害发生时间：＿＿：＿＿（用24小时记时法）	
当班责任人：　　　　　　填表人：	
伤害类型： 1＝交通事故　　2＝跌伤（跌、摔、滑、绊）　　3＝被下落物击中（高处落下物） 4＝锐器伤（刺、割、扎、划）　　5＝钝器伤（碰、砸） 6＝烧烫伤（火焰、高温固/液体、化学物质、锅炉、烟火、爆竹炸伤） 7＝溺水（经医护人员救治存活）8＝动物伤害（狗、猫、蛇等咬伤，蜜蜂、黄蜂等刺蜇） 9＝窒息（异物、压、闷、捂窒息、鱼刺/骨头卡喉） 10＝中毒（药品、化学物质、一氧化碳等有毒气体，农药、鼠药、杀虫剂、腐败变质食物除外） 11＝电击伤（触电、雷电）　　12＝他伤/攻击伤	
伤害发生地点： 1＝户外活动场地　　2＝活动室　　3＝寝室　　4＝卫生间　　5＝盥洗室　　6＝其他（请说明＿＿＿＿）	
伤害发生时活动： 1＝玩耍娱乐　　2＝吃饭　　3＝睡觉　　4＝上厕所　　5＝洗澡　　6＝行走　　7＝乘车 8＝其他（请说明＿＿＿＿）　　9＝不知道	
伤害发生时和谁在一起： 1＝独自一人　　2＝老师　　3＝小伙伴　　4＝其他（请说明＿＿＿＿）　　5＝不知道	
受伤后处理方式（最后处理方式）： 1＝自行处理（保健人员）且未再就诊　　2＝医疗卫生机构就诊　　3＝其他（请说明＿＿＿）	
如果就诊，诊断是：＿＿＿＿＿＿＿＿＿＿＿＿＿＿＿＿＿＿＿＿	
因伤害休息多长时间（包括节日、假期及周末）：＿＿＿＿＿天	
转归：1＝痊愈　　2＝好转　　3＝残疾　　4＝死亡	
简述伤害发生经过（对损伤过程作综合描述）：	

附件 5

卫生保健资料统计表

表 1 儿童出勤统计分析表

托幼机构名称：

年份	月份	在册儿童数（1）	应出勤日数（2）	出勤情况				缺勤原因分析		
				应出勤人次数（3）	实际出勤人次数（4）	出勤率（%）（5）	缺勤人次数（6）	因病	因事	寒暑假	其他
	9月										
	10月										
	11月										
	12月										
	1月										
	2月										
	3月										
	4月										
	5月										
	6月										
	7月										
	8月										

备注：
1. 出勤率＝（实际出勤人次数/应出勤人次数）×100%；
2. 缺勤人次数＝应出勤人次数－实际出勤人次数；
3. 各项百分率要求保留小数点后 1 位。

表2 _____ 学年（上、下）儿童健康检查统计分析表

托幼机构名称：

年龄组	在册人数	体检人数	体检率（%）	体格评价（人数）				血红蛋白			视力		听力		龋齿	
				低体重	生长迟缓	消瘦	肥胖	检测人数	轻度贫血人数	中重度贫血人数	检查人数	视力不良人数	检查人数	听力异常人数	检查人数	患龋人数
0岁~																
1岁~																
2岁~																
3岁~																
4岁~																
5岁~																
6~7岁																
总计																

备注：
1. 体检率＝（体检人数/在册人数）×100%；
2. 某病患病率＝（某病患病人数/检查人数）×100%。

表 3 传染病发病统计表

托幼机构名称：

年份	月份	在册儿童数	传染病发病数	各类传染病发病人数									
				手足口病	水痘	流行性腮腺炎	猩红热	急性出血性结膜炎	菌痢	麻疹	风疹	传染性肝炎	其他
	9月												
	10月												
	11月												
	12月												
	1月												
	2月												
	3月												
	4月												
	5月												
	6月												
	7月												
	8月												
合计													

表 4 膳食营养分析表

年　　月

一、平均每人进食量

食物类别	细粮	杂粮	糕点	蛋白质（克）	脂肪（克）	干豆类	豆制品	蔬菜总量	绿橙蔬菜	水果	孔类	蛋类	肉类	肝	鱼	糖	食油
数量（g）																	

二、营养素摄入量

	热量（千卡）	热量（千焦）	蛋白质（克）	脂肪（克）	视黄醇当量（微克）	维生素A（微克）	胡萝卜素（微克）	维生素 B_1（毫克）	维生素 B_2（毫克）	维生素C（毫克）	钙（毫克）	锌（毫克）	铁（毫克）
平均每人每日													
DRIs													
比较（%）													

三、热量来源分布

摄入量	热量		脂肪		蛋白质	
	（千卡）	（千焦）	要求	现状	要求	现状
			30%～35%		12%～15%	
占总量（%）						

四、蛋白质来源

	摄入量（克）	占蛋白质总量%	优质蛋白质	
			动物性食物	豆类
要求			≥50%	
现状				

五、膳食费使用：当月膳食费：/人

本月总收入：　　　元
本月总支出：　　　元
盈亏：　　　元
占总收入：　　　%

附件6

托幼机构卫生评价申请书

_____：

本园（所）拟于　　年　月开始招生，依据《托儿所幼儿园卫生保健管理办法》的要求，特向您单位申请对我园（所）进行卫生评估。

申请单位地址：

申请单位电话：

申请单位（签章）：

申请人：

申请日期：

附件 7

新设立托幼机构招生前卫生评价表

评价内容	分值	评价标准	评价方法	得分	备注
环境卫生	20分	园（所）内建筑物、户外场地、绿化用地及杂物堆放场地等总体布局合理，有明确功能分区（2分） 室外活动场地地面应平整、防滑，无障碍，无尖锐突出物（2分） 活动器材安全性符合国家相关规定（1分） 未种植有毒、带刺的植物（1分）	查看现场		
		室内环境的甲醛、苯及苯系物等检测结果符合国家要求（4分）	查验检测报告		
		室内空气清新、光线明亮（2分） 有防蚊蝇等有害昆虫的设施（2分）	查看现场		
		每个班级有独立的厕所和盥洗室（2分） 每班厕所内有污水池，盥洗室内有洗涤池（2分）			
		盥洗室内有流动水洗手装置（必达项目） 盥洗室内水龙头数量和间距设置合理（2分）	查看现场		
个人卫生	15分	保证儿童每日1巾1杯专用，寄宿制儿童每人有专用洗漱用品（必达项目）	查看现场		
		每班有专用水杯架，标识清楚，有饮水设施（4分） 每班有专用毛巾架，标识清楚，毛巾间距合理（3分） 有专用水杯、毛巾消毒设施（4分）			
		儿童有安全、卫生、独自使用的床位和被褥（4分）			
食堂卫生	10分	食堂获得"餐饮服务许可证"（必达项目）	查验证件		
		园（所）内应设置区域性的餐饮具集中清洗消毒间，消毒后有保洁存放设施（4分） 配有食物留样专用冰箱，有专人管理（3分）	查看现场		
		炊事人员与儿童配备比例：提供每日三餐一点的托幼机构应达1:50，提供每日一餐二点或两餐一点的1:80（3分）	查看资料		
保健室或卫生室设置	20分	设立保健室或卫生室（必达项目） 卫生室需有"医疗机构执业许可证"（必达项目）	查看现场 查验证件		
		保健室面积不少于12 m²（2分）			
		保健室设有儿童观察床（2分） 配备桌椅、药品柜、资料柜（3分） 有流动水或代用流动水的设施（2分）	查看现场		
		配备儿童杠杆式体重秤、身高计（供2岁以上儿童使用）、量床（供2岁及以下儿童使用）、国际标准视力表或标准对数视力表灯箱、体围测量软尺等设备（4分） 配备消毒压舌板、体温计、手电筒等晨检用品（3分）			
		有消毒剂（2分） 配备紫外线消毒灯或其他空气消毒装置（2分）			

续表

评价内容	分值	评价标准	评价方法	得分	备注
卫生保健人员配备	15分	配备符合国家规定的卫生保健人员（必达项目） 卫生保健工作的第一责任人是托幼机构的法定代表人或负责人（5分） 按照收托150名儿童设1名专职卫生保健人员的比例配备（收托150名以下儿童的可配备兼职卫生保健人员）（5分） 卫生保健人员上岗前接受培训并考核合格（5分）	查看资料		
工作人员健康检查	10分	托幼机构工作人员上岗前经县级以上卫生行政部门指定的医疗卫生机构进行健康检查，并取得"托幼机构工作人员健康合格证"。炊事人员取得"食品从业人员健康证"（10分）	查看证件		
卫生保健制度	10分	建立10项卫生保健制度，并符合实际情况，具有可操作性 一日生活制度（1分） 膳食管理制度（1分） 体格锻炼制度（1分） 卫生与消毒制度（1分） 入园（所）及定期健康检查制度（1分） 传染病预防与控制制度（1分） 常见疾病预防与管理制度（1分） 伤害预防制度（1分） 健康教育制度（1分） 卫生保健信息收集制度（1分）	查看资料		

备注：
1. 托幼机构总分达到80分以上，并且"必达项目"全部通过，才可评价为"合格"。
2. 若托幼机构不提供儿童膳食，则不予评价食堂卫生、工作人员健康检查和卫生保健制度的相应部分。托幼机构分数达到剩余项目总分的80%以上，并且"必达项目"全部通过，才可评价为"合格"。
3. 如果评价结果为"不合格"，托幼机构应当根据评价报告给予的整改意见和指导，整改后可重新申请卫生评价。

附件 8

托幼机构卫生评价报告

_____幼儿园（托儿所）：

　　根据你园（所）申请，按照《托儿所幼儿园卫生保健工作规范》的卫生评价基本要求，我单位组织专家于　年　月　日对你园（所）招生前的卫生保健状况进行评价。

　　评价结果：　　1. 合格　　　　2. 不合格
　　评价意见：

评价单位（签章）：
评价人员：

（此报告一式两份，一份交申请单位，一份由评价单位留存。）

附录5：

上海市幼儿园保教质量评价指南

一、课程部分

评价内容	评价要点	评价标准				信息采集
		优秀	良好	合格	不合格	
课程实施方案	方案编制	依据学前课程的要求，管理层与教师共同研究课程，逐步形成切合本园实际的操作性强的课程实施方案；课程实施方案对引领和指导幼儿园课程实施作用明显；在实施过程中有不断改进与完善课程方案的机制		幼儿园初步形成课程实施方案；教师了解本园课程实施方案，依照幼儿园课程方案，形成切实可行的班级教育计划		• 查阅幼儿园课程实施方案； • 抽样查阅教师的保教工作计划与相关记录； • 与部分教师、园长等交流与访谈
	方案内容	能符合儿童的年龄特点、发展需要、能力、兴趣及经验，作综合设计，关注多领域经验的平衡与连贯；能充分体现国家与地方相应法规文件的精神，与国家倡导的理念、人才培养目标相一致；课程设置、安排合理，有本幼儿园的特色；课程和儿童发展评价能与目标相呼应		课程目标能体现国家与地方相应法规文件的精神；课程的编排与设计能基本保证四类活动，顾及幼儿的多种经验和能力，难易恰当		• 查阅幼儿园课程实施方案，重点看课程设置、内容及评价部分； • 查阅教师保教工作计划（包括学期、月、周、日等）以及现场考察，验证与方案内容的关系
	时间安排	根据幼儿年段特点和发展需求，结合季节、地域等因素，设计和安排适宜的一日活动时间；充分满足儿童游戏和运动的需要，保证每个幼儿有自由活动和自主选择活动的机会；保证每个幼儿有丰富的多样化活动的经历与体验；能根据实际情况和个别差异适当地调整活动安排等		有合理的一日安排，不过于琐碎和急促；运动和游戏的时间安排符合基本规定；一日活动安排能遵循动静交替，室内与室外、全班与小组、小组与个别活动相结合的原则		• 查阅幼儿园一日活动安排表、各类活动的时间表等； • 现场考察班级的保教活动； • 抽样与园长、教师会谈
	资源支持	幼儿园有课程资源建设与利用的意识，形成开放的课程资源支持机制及丰富的课程资源；建立合理的使用与完善的管理制度，使用率高		有符合要求的幼儿活动资源，包括玩具、材料、图书等；提供必需、质优的教育教学资源；合理利用媒体、课件等资源，以支持课程的运行		• 现场察看幼儿园课程资源配备情况等； • 查阅相关的文本资料； • 访谈分管业务的园长或大教研组长

续表

评价内容	评价要点	评价标准				信息采集
		优秀	良好	合格	不合格	
环境创设和利用	园所环境	根据课程要求，整体设计幼儿园的环境，包括专用活动室、户外运动场地、廊道、绿化等；能提供、配置丰富、多元、合适的设备与材料，空间利用率高，方便不同年龄段幼儿进行各类活动		注重幼儿园环境设计与利用；经常使用的设施、设备和材料，能符合幼儿的发展需要		• 观察幼儿园的环境与专用活动室； • 查看幼儿园作息安排制度、专业活动室使用的记录； • 实地观察不同年龄段幼儿在专用活动室的活动
	班级环境	师生关系民主、融洽和愉快，幼儿自主地与环境互动；环境创设科学合理，有利于幼儿良好生活习惯的养成；能运用多样化的玩教具、材料，创设一个能引起幼儿游戏、学习与活动兴趣以及具有不同功能的挑战性活动环境		班级环境布局合理，灯光照明到位；设施、设备安全，符合幼儿需要，便于幼儿使用；班级的玩教具、材料、场地，与幼儿当前的能力、需要基本匹配		• 观察班级氛围； • 观察各个班级墙面、区角活动以及各种材料的投放与呈现； • 观察幼儿的游戏等个别活动； • 与教师讨论与交谈； • 查阅教师提供的班级资料等
生活活动	安全与保育	为幼儿创设安全、卫生、温馨、自主的班级生活环境；环境中有幼儿易于识别的安全、健康、生活等规则提示；能让幼儿自主、有序、愉快地进餐、盥洗及睡眠		经常检查和及时消除幼儿生活中的不安全因素，有安全检查制度；卫生设施与措施健全、规范；及时清洁厕所污物，环境无异味；环境色彩协调，符合幼儿特点；注意幼儿睡眠中的安全		• 考察现场活动； • 查阅教师保教工作的计划、记录； • 与园长、教师交流与会谈
	行为观察	能顾及每个孩子在生活上的不同需求与差异，注意观察一日生活中幼儿的语言、行为、情绪等变化，给予有效的回应；能与家长、其他工作人员及时沟通；对幼儿行为有记录、有分析		能根据天气变化、运动情况和个体需要，及时提醒幼儿穿脱衣服、饮水、擦汗等。		
	自我服务	充分利用自主盥洗、整理玩具、分发碗筷、照顾自然角等生活实境，让幼儿获得亲身体验，给幼儿练习、锻炼和表现的机会；教师有要求，有指导		保育员与教师互相配合，不干涉、不替代幼儿的生活；能帮助、指导幼儿形成喝水、用餐、盥洗、穿脱衣服等基本的生活能力		
	交往机会	能提供有助于幼儿积累共同生活经验的机会，如分享、协商、沟通、合作；让幼儿学习情感体验与表达，适应集体生活		能在一日生活中实施符合幼儿年龄特点的交往活动，方法合适，让幼儿在与同伴的自然交往中，适应集体生活		

续表

评价内容	评价要点	评价标准				信息采集
		优秀	良好	合格	不合格	
运动	运动时间与运动量	能根据年龄特点安排个别锻炼和集体运动性游戏；在运动中根据幼儿脸色、出汗、心跳等情况及时调节内容和运动量		确保每天有2小时户外活动时间，其中1小时运动时间可分段进行		• 考察现场活动； • 查阅教师保教工作的计划、记录； • 与园长、教师交流与会谈
	器械与材料	根据年龄特点、运动特点及幼儿动作发展水平合理安排运动器械；材料丰富、功能多并具有一定的挑战性，满足幼儿自由选择和创造性运动的需要		能提供符合年龄特点、数量基本满足需要的运动材料和器械，让幼儿进行较充分的运动		
	资源利用	积极开发园内外运动资源，结合季节特点，充分利用各种自然条件开展富有野趣的活动和民间运动		能利用现有的园内外运动资源，根据季节特点进行运动，所开展的活动符合不同年龄特点的幼儿		
	运动保护	运动中有安全意识和保育意识，保证幼儿安全、快乐地运动；根据季节、天气情况适当调整户外运动的时间和场地；注意幼儿自我保护能力和规则意识的培养		能关注场地、设施、器械的安全性及幼儿服饰的适宜性，及时处置异常情况和突发问题；提醒幼儿在运动中及时穿脱衣服		
游戏活动	条件提供	游戏材料投放数量充足，种类丰富，能满足每个幼儿的自主选择；能利用生活中的自然、废旧、半成品等环保材料，诱发幼儿积累多种经验；游戏环境能体现幼儿的兴趣点		保证幼儿每天有不少于1小时的自主游戏和自由活动时间；游戏材料数量较多，幼儿在游戏中无等待、争抢行为（由玩具材料缺乏而引发的），能进行共同的游戏活动		• 考察现场活动； • 查阅教师保教工作的计划、记录； • 与园长、教师交流与会谈
	游戏观察	能关注幼儿与环境材料、与同伴互动的过程，不仅能了解幼儿的游戏动态，还能根据幼儿的言行了解、分析其发展水平		能认真观察幼儿的游戏过程，了解幼儿的游戏喜好和需求		
	游戏的支持	能对幼儿的游戏行为做出合理的价值判断；能恰当地介入游戏并予以支持、帮助和回应；适时、适宜、适度地推进游戏情节的发展		能根据游戏开展的情况，适当地调整游戏材料，及时处理意外情况		
学习活动	目标的价值	目标定位能兼顾认知经验、方法能力、情感态度等全面发展等方面；符合幼儿的年龄特征和发展需要；活动目标能突出重点，表述清晰		活动目标有价值，符合幼儿发展的基本要求；目标的制定能反映不同年龄段幼儿的学习特点，表述明了		• 考察现场活动； • 查阅教师保教工作的计划、记录； • 与园长、教师交流与会谈

续表

评价内容	评价要点	评价标准				信息采集
		优秀	良好	合格	不合格	
学习活动	内容的选择	能体现既尊重幼儿的已有经验，又具有发展的挑战性；个别学习的材料与内容，要有利于幼儿自主选择与自主探索，并具有层次性、多功能性和情趣性		能选择生动形象的、有趣的，有利于幼儿动手、动脑，并符合年龄特点的学习内容		
	方法的运用	能合理选择和运用集体、小组、个别等多种方式开展学习活动；教学方法恰当、灵活、多样，充分体现幼儿自主性的原则；有效地运用现代化教育手段		能以游戏的方式组织和开展学习活动；根据幼儿的兴趣和不同年龄段幼儿的学习特点来选择和运用合适的教学方法		
	师幼的互动	能在教育现场关注来自幼儿的信息和生成问题，进行价值判断，并做出适时、适宜、适度的回应；教师的回应，能发挥推动幼儿发展的作用		注重师幼及幼儿与幼儿间的互动；在师幼互动中，能尊重、理解幼儿，关注个体差异		
保健与特殊照料	卫生保健	保健老师与班级保教人员联系密切，全日观察记录一致；及时向家长宣传预防保健知识，五官保健矫治率高；按年龄特点和平衡营养的要求，科学烹饪，色、香、味俱全；对体弱、肥胖儿等矫治措施针对性强，有个案记录，及时向家长反馈，有实效；保健资料齐全，专题研究措施落实，针对性强		幼儿体检（率）、晨检（率）100%，全日观察落实，发现异常及时处理；环境清洁，预防性消毒常规工作符合要求，消毒液配置使用正确，放置得当；食品验收、操作规范，食具及环境物品表面细菌检测符合卫生标准；传染病报告及时，肠道传染病率低于2%，无续发病例，无责任事故，一般事故发生率低于0.5%；平衡膳食，定期做营养分析；对体弱、肥胖儿、五官保健管理措施落实；"三员"操作规范		• 查阅保健资料； • 察看操作过程； • 访谈保教人员（重点"三员"）； • 家长问卷中设题； • 访谈家委会人员； • 访谈体弱、肥胖儿的家长
	特殊保育	对有特殊需要的幼儿设立个案，有计划、有措施、有改善；创设良好的观察室环境，给临时需观察隔离的幼儿以温馨合理的照料		患儿服药及时到位；对有特殊需要的幼儿与家长合作进行协助保育；让临时发病的幼儿进入观察室，进行及时照顾或就医		• 查阅保育资料 • 观察有关活动； • 访谈有关家长及保教人员

续表

评价内容	评价要点	评价标准				信息采集
		优秀	良好	合格	不合格	
与家庭、社区互动	家园共育	重视家园共育的宣传，让家长了解幼儿园办学理念、教育活动内容； 了解不同家长的需要，采取不同的沟通方式，分层分类进行沟通； 鼓励家长通过多种途经积极参与各类活动，并支持幼儿园工作； 能够针对不同需要的幼儿制订个别化的教育方案，并能与家长共同实施； 与家长共同建立幼儿成长档案		有家访、家长会等家园联系制度，让家长了解幼儿园教育； 定期向家长开放活动，组织家长参与活动		• 家长访谈； • 家长调查问卷； • 社区、居民及有关单位访谈； • 社区有关单位调查问卷； • 教师访谈； • 查阅幼儿园/班级各种联络资料； • 查阅家委会活动资料；
	资源开发和共享	主动收集家长和社区的意见和建议，有计划、分阶段地对意见做出妥善有效的跟进，并能留存各种相关资料； 向家长和社区开放园内各种资源，提高家长和社区居民的育儿水平		定期征求家长、社区意见，改进工作并有记录； 能够利用家长、社区等物质和人文资源		• 家长访谈； • 家长调查问卷； • 社区有关单位访谈； • 社区有关单位调查问卷； • 教师访谈； • 查阅幼儿园/班级各种联络资料； • 查阅幼儿园/班级活动资料； • 查阅幼儿园/班级资源网络资料

二、幼儿发展部分

评价内容		评价标准（合格）	表现举例	信息采集
体能	生长发育	身高、体重、血色素标准参照2005年《上海市儿童保健所条例》所规定的要求		• 定期由幼儿园保健教师组织测试
	运动兴趣	喜欢参加体育活动乐于尝试不同的运动器械，充分活动身体	• 来到运动场地或看到运动器材时，能迅速投入体育活动而不是旁观；活动时投入，运动一会儿，出汗了、气喘，或会舍不得休息，或会说"好累，休息一会儿"，但看到同伴在运动，又会站起来马上投入活动中去；自由活动中愿意主动带来有运动因素的玩具并自发进行锻炼。 • 喜欢独自尝试或在成人的帮助下尝试玩不同的运动设备和运动器材，能做出走、跑、跳、踢、攀、爬等较多的身体动作；喜欢带有挑战性的运动项目	• 运动（室内外）； • 户外活动、自由活动； • 家长调查问卷，了解家庭运动情况

续表

评价内容		评价标准（合格）	表现举例	信息采集
体能	动作协调与平衡	运动时，动作协调，平衡性好； 能做精细动作，手眼协调；	• 自然地两脚交替换步上下楼梯；向上攀爬时能手脚协调地进行；跳跃时能以双手配合；能依据音乐节奏走、跑、跳等；能拍球、抛接球、跳绳；左右脚都能单脚跳；能在不平坦或不稳定的地面（软的垫子、沙子）等行走自如；能手拿水杯平衡行走。 • 能熟练地使用搓、团、压、捏、挤等动作进行造型；会使用筷子吃饭，自己穿衣扣纽扣、系鞋带；能拼较复杂的图形；能剪出直线或简单图形，能沿边对折纸	• 运动、户外活动； • 区角活动、自由活动的大肌肉活动和小肌肉操作活动； • 家长调查问卷； • 主题活动中的相关作品
习惯	生活习惯	餐饮习惯卫生； 作息睡眠有规律； 爱清洁，有健康的盥洗与排泄习惯； 保护五官，用眼卫生	• 嘴里有水、食物不说笑；不吃不洁食物；不多吃糖果、冷饮；按照需要自主饮水。 • 按时睡眠，睡觉不蒙头。 • 饭前便后洗手、外出之后洗手，洗手后认真擦手；用纸巾或手帕擦嘴或鼻涕，不拖鼻涕；不是吃的东西不碰嘴巴；早晚刷牙；不吃手指，不咬指甲，提醒成人帮助剪指甲；有规律大便，女孩小便后便纸。 • 不过分用力挖鼻孔、耳朵；看书时坐直，不把书本靠眼睛太近，看电视、电脑时眼睛不靠得太近。	• 生活活动； • 家长问卷。 提示：需多渠道搜集信息，判断幼儿行为的"一贯性"，表明确实形成"习惯"
	学习习惯	对学习有兴趣，好问； 认真观察和倾听，喜欢尝试，做事专注、坚持，对学习成果有满足感； 爱惜玩具、文具、书籍等各种学习用具和材料	• 对不了解的事物问个究竟，并想摆弄，对没做过的事愿意尝试，或主动地寻求帮助。 • 有注意力集中的时段，针对一个目的做一件事，活动时眼神和身体姿势集中于要做的事（集体教学或个别游戏活动）；能在成人鼓励或帮助（提示）下，独立将事情做出一定结果，不是频繁更换活动，漫不经心，轻易放弃一件事，想追求一个成果；在做成一件事后，能从表情上看出对自己的成果很满意、高兴，或在未取得自己想要的活动成果时，能再次重复或寻求帮助来满足自己的活动需要或好奇心。 • 不故意损坏学习用具和材料（应与有目的地利用和拆装造成的无意损坏区分开来），并对自己或他人不小心损坏表现惋惜，甚至尝试修补	• 学习活动、运动； • 游戏活动、生活活动中幼儿的探索行为
	文明习惯	行为举止文明； 主动与人打招呼，懂得运用礼貌用语； 理解幼儿园集体生活的常规，并能遵守； 遵守公共卫生规范，爱护公物	• 经常保持良好的站姿和坐姿；咳嗽、打喷嚏时，能捂嘴；懂得谦让比自己幼小和体弱的孩子。 • 能主动和老师、小朋友和其他熟悉的人打招呼或问好，态度大方；对别人的招呼也能应答；犯错了经成人提醒能说"对不起"；请求别人帮助时会说"请"；得到别人帮助时会道谢。 • 会用集体规则来约束自己的行为：在教室里不吵闹，在走廊等公共区域不狂奔；按秩序喝水、如厕等。 • 手上有污物不随处乱抹、乱擦。不乱涂墙壁、桌椅、地板，不乱扔垃圾，不随地吐痰，不乱扔玩具，使用玩具时能轻拿轻放，并知道放回原处；爱护图书，不乱折，有序摆放；搬动桌椅时轻拿轻放；不采摘幼儿园或公园等公共场所的花草	• 游戏活动、自由活动、生活活动； • 集体教学活动，做操环节； • 外出活动； • 家长调查问卷、家长谈话法

续表

评价内容		评价标准（合格）	表现举例	信息采集
自我意识与自理	自我概念	认识自我，并接纳自我；能进行自我评价，有自信心；有规则意识，能自我约束，会适当调整自己的需求和行为以适应所处的环境	• 对自己的身体和性别有基本认识（包括接纳自己身体和相貌上的缺陷），不做可能伤害自己的事："我戴眼镜是因为我的眼睛看不清楚，医生说如果坚持戴，就会矫正好，和别人一样看得清楚"；知道自己的喜好："我喜欢绿色的，不喜欢黑色的""我喜欢听故事"；拿到自己喜欢的玩具、到喜欢的活动区、得到自己喜欢的装扮角色时会表现得很高兴。 • 与他人的关系中觉得受重视、有安全感，"××喜欢我"；或有信心地进入一个群体与人交往，认为自己会被接受，能说出自己好朋友的名字；知道自己有能力做什么："我不会……，你帮我一下！"对自己的作品和完成自己重视的任务后感到自豪。主动发起活动，知道自己想要做什么并努力自己做，不需要老师过多指示安排。愿意挑战自我，尝试新的或有一定冒险性的活动（或请求协助）："老师，我想试试爬得更高些，你能不能在下面接着我？"主动提出要求："老师，我还没完成，你慢点讲评"；不轻易接受同伴的观点，有自己的看法："你怎么知道的？""我觉得好像不是这样，我们去问问老师吧！"试图使自己变得更好、更强："我得好好吃饭，才能长高个子"或"我得多跳几次，才能跳得更好。"在活动不顺利，寻求帮助的同时，还争着要自己做，在较长一段时间内还继续尝试。 • 能适当地调整和控制自己的需求或愿意延迟满足：在轮流玩的规则下，即使很想玩，也能耐心排队等待；在集体教学中能控制自己不随意插嘴；想玩新的材料时，还是能控制自己先把手头的材料收拾好。	• 幼儿在生活和各种活动的自然情境中的一般情绪与行为表现，如表现得坚持自己的意愿、有主意、甚至适度的倔强，而不是依赖。 • 游戏的总结和评价环节。 • 集体教学活动。 提示：以观察幼儿的行为为主，幼儿"我很能干""我很棒"等话语只能作为评价的辅助
	情感表达	能向成人或同伴表达自己的需求、感受，在遇到表达困难时能寻求帮助；能学习用恰当的方式排解自己的消极情绪	• 能用语言或适当的行为表达自己的感受而不是用过激的行为，"我想和你一起玩，好吗？""真是太好了！""真烦人！""我气死了！""我不想这样玩"；想要什么时不是直接抢，而是说"我想玩……"想跟别人一起玩时，会用对方能接受的方式来表达自己的愿望。 • 极少用大哭大闹或攻击性的方式来表达自己的不愉快、不满，即使哭泣也能较快地平息并说出原因；难过、生气、不满时会找人抱怨，老师安慰过后，会逐渐平息激烈的情绪，愿意将注意力转移到其他事上；遇到失望、挫折和失败时，在老师说"还有明天，明天再试试看"后，能平静面对，而不摔东西发脾气	• 一日生活的各种自然情境

续表

评价内容		评价标准（合格）	表现举例	信息采集
自我意识与自理	自理与自立	愿意自己的事情自己做，尝试不依赖他人照料自己；整理和保管好自己的衣物和玩具等；知道自我保护的相关常识	• 自然而然地做能自理的事，不依赖或要求别人替自己做；能自己吃饭喝水、穿脱衣裤鞋袜、如厕及清洁身体和手、擦鼻涕、擦汗、盖被子和整理被子等； • 注意把自己的衣物和暂不玩的玩具放在自己的置物袋或箱中，并能整理自己的置物袋； • 在上下楼梯或户外攀登等可能有危险的场景中，小心谨慎地行事或寻求成人协助；能安全使用物品、避开危险；若受伤立即告知成人	• 生活环节（餐点、午睡、如厕、洗手）； • 活动结束后的整理环节
认知	观察与探索	对周围事物好奇，会用多种感官从多种角度观察、探索事物，把握事物的特征；能用自己的方式记录探索的过程，辅助持续探索；能联想旧的经验，对已掌握的办法或工具加以调整或组合，尝试解决新问题；以独特的方式利用某些物品或寻找替代物；尝试利用多种途径和媒介获取信息	• 对新事物好奇，想去摸摸、看看，甚至用放大镜看；敲敲打打或拆开重新组装：这个东西硬硬的、很光滑，一定是鹅卵石；"绿叶子怎么变成红色的了？"喜欢问"为什么"。 • 通过画画、图表和序列卡片等记录观察到的现象，并在交流展示时利用这些记录，或在进一步探索前回顾一下前面的记录。 • 没有绿色，用黄和蓝颜料配。 • 把插塑积木插成长棍，作为工具取用手够不到的东西；用积木、铅笔等作为测量工具来比较物体的长度或高度。 • 在实地参观、访问和调查、查阅图书、报纸、观看电视和上网等多种方法中选择最恰当的搜寻自己需要的相关信息	• 来园活动； • 区角探索活动； • 自主游戏； • 项目（方案）活动； • 讨论新玩具和活动材料的使用； • 外出活动
	概念与关系	能把握某事物、现象的典型特征，并比较异同、分类、归类，逐步形成基本概念；在探索和发现的过程中，逐步形成数、量、形状及表示时间、空间关系的基本概念；按一定的标准对事物进行排序、配对；对事物之间的表面联系和因果关系提出问题、做出假设，并运用已有的经验进行分析和推理；能围绕目标、遵照一定程序解决问题	• 从比较写实的图片上认识出某事物；"××同××很像的，都是……的"或者"虽然××同苹果看上去有点不一样，但它们都……的，所以可能它也是苹果"。"基本概念"包括儿童生活中常接触的自然物及自然现象、社会事物（工具、设施）及职业等有关的概念（可以参照《上海市学前教育课程指南》中的"关键经验"）。"形成概念"意味着能把握一类事物的共同特征，通过衡量是否符合关键特征对新事物进行归类。 • 量的概念涉及轻重、（面积、体积或容量上的）大小；时间概念涉及今天、明天、晚上、早晨、上下午、现在、钟点、星期等；空间概念涉及方位（里外、进出、上下、前后、左右、中间等）、距离（远近）、速度（快慢）。在老师问"昨天星期天，你在家里做什么"时，能说出在家里做的事。 • 按特征（颜色、形状、大小、长短、轻重）、用途、习性等某一标准对事物排列顺序或组合，或变换标准重新对事物进行排序或组合。 • "球是圆的所以能滚，积木是方的所以不能滚"，"这个东西很重的，可能会沉到水里去""不能把杯子放在桌边，掉在地上会打碎"（把易碎的东西放在不易碰及的地方）"如果给小树浇果汁，它会长得更快吗？"（如果……，会……吗？）"这两块拼图形状好像能合在一起""用磁铁吸各种东西，看哪些能吸起来""爱惜东西和再利用就能让我们的环境更美好"。 • 有条理地（如间隔多少天、每天在哪个时间）观察和记录（设计记录表单）天气在一段时间中的变化，尝试预测或决定出游时间	• 一日活动的有关场景； • 探索活动； • 与教师和同伴的日常交谈中提示：除了从幼儿的语言回答中搜集信息之外，还要注意幼儿无法用语言表达但行动中表现出形成某一概念的情况，如别人说"快点"，他就加快速度。概念形成的评价也可视幼儿能否借用实物解决数量问题而定（10以内）。

161

续表

评价内容		评价标准（合格）	表现举例	信息采集
语言能力	倾听	注意倾听别人讲话并了解意思； 喜欢听故事、散文等文学作品，能理解作品内容； 能听清指令和要求，顺利完成任务	• 聆听时能保持安静，注意力较集中，让别人把话讲完再回应；当同伴吵闹时，能主动提醒；了解教师对全班所说的话，而不需再次问教师要自己做什么。在团体讨论中，以肢体语言（如身体向前倾）或面部表情来（如皱眉或微笑）来表达理解。 • 听故事等文学作品时安静，了解故事等所传达的信息； • 对他人提出的指令，能做出相应的动作或用语言回答："我知道""我来说""我来做，是这样的"；对听不懂的或没听清的地方，能主动提问	• 集体教学活动； • 区角活动的语言角； • 日常生活谈话活动
	表达	乐意与成人和同伴交谈，清楚表达自己的需求和想法； 能围绕一个话题有条理地叙述一件事，或描述物体特征，以及表述自己的体会	• 成人或同伴与之谈话时能回应或接话："是的，那你呢？"能主动发起与同伴的交谈："你看，我做的是什么？""你昨天看电视了吗？"能用语言清晰描述自己的需要和想法："我要……""我想……"针对其他儿童所报告的事件能提出相关的问题："你为什么喜欢……" • 能较有顺序地围绕中心叙述自己的想法或经历过的事："我觉得我们的城市很美……""我早晨看见了……"，"我昨天去了××地方，那儿可真好玩，有……"	• 日常生活谈话活动； • 语言教学活动； • 生活中与幼儿随机交流 • 家长调查问卷； 提示：观察了解幼儿的自然情景语言是评价的重要方法
	前阅读与前书写	喜欢阅读，能自发选择图书，能自行或与朋友一起阅读； 关注书中的图像和文字，能边指边读； 掌握阅读的基本方法； 关注生活中常见的符号、标志和文字，并能用自己理解的符号表达	• 会在自由游戏时间看书；能较长时间独自安静阅读，或与朋友一起合作阅读。听故事磁带并同步翻阅该故事书。喜欢图书，会向老师要看或让家长购买图书："我让妈妈买这本书的""我喜欢看这本书"。看到自己读过、看过的书会兴奋："这本书我家有的""这本书我看过的"。 • 关注书中的图像或文字，能边指边读："这个字我认识，读……" • 阅读时，能一页一页从前往后翻着读；视线由上至下、从左到右按顺序阅读；看到同伴不正确的阅读习惯，会提醒别人："书多翻了一页""先从这里看"；看图片预测故事的下一步，看一本书的封面，猜测书的内容是什么。 • 能从教室的名单中找到自己的名字，也可以认出朋友的名字；开始认得最喜欢书里某些熟悉的字词，询问教室内所使用符号的意义，如老师贴在鱼缸上的"鱼"字；对周围的符号、标志和文字等敏感，发现后会留心观察和议论。会抄写教室四周的标记："我来画画这个标记"。写一些像字的符号来试验书写符号或表达一种想法；会在作品上写上自己的名字，表示是自己做的	• 区角阅读活动或自由活动、来园活动、午睡休息前； • 外出活动中自然观察幼儿对沿途符号、标志和文字的反应情况； • 幼儿的绘画、书写作品； • 家长谈话法、家长问卷法

续表

评价内容		评价标准（合格）	表现举例	信息采集
社会性	交往合作	愿意与同伴一起玩，分享玩具和材料，与同伴友好相处； 能与同伴商量合作做事，与同伴发生矛盾时学习协商解决	• 能要求与朋友一起活动："我们一起玩好吗？"或主动加入同伴群体中一起游戏，不游离；同伴请求时愿意将玩具借给别人或交换玩："好吧，玩具可以借给你玩""好吧，我们交换玩"。能与同伴一起共用幼儿园的玩具和材料，如一瓶胶水、一盒蜡笔等："你先用，用完给我用""放在当中我们一起用"。 • 与同伴有冲突时，会尝试用大人建议的话语去解决冲突；以协商、说出自己的权利及考虑另一位儿童的需求等方式来解决与同伴的争议："我用糨糊粘完这两张纸就给你"；具有维持与同伴良好关系的简单技能，如轮流玩而不推挤、等待轮到自己；能与同伴一起搬桌子或一起为集体做事："你搬前面，我搬后面"；能顺从同伴的建议进行游戏，如听了一位同伴的建议，决定以空心积木来搭建火车站；能与同伴一起合作搭积木或完成一件任务："你搭花草，我搭围墙""你来问，我来记"	• 游戏活动、自由活动、小组活动； • 教学活动、区角活动及其他生活环节； • 家长问卷
	责任感	有初步的任务意识，能完成教师给予的任务； 犯错时不推卸责任或指责他人； 乐意为集体做事，做值日生态度积极	• 牢记老师的任务，能回家告诉父母老师布置的任务，提醒父母共同完成："妈妈，帮我准备一个空书包，老师说明天要用""妈妈，老师要求明天带空瓶子"；当天未完成的建构或绘画作品等，第二天会继续完成。 • 犯错误时不推卸责任或指责别人："这是我吃的""对不起，我错了""对不起，这是我敲破的"。 • 知道自己值日的时间，态度积极："今天是我值日，我要早点去幼儿园浇花""我来做""老师，我今天是值日生""我是值日生，我来搬东西""应该我来，今天是我值日，不是你值日"。能尽力做好值日生工作，如搬桌椅、分发碗筷、整理玩具等	• 生活活动，特别是值日生环节； • 自由活动； • 集体教学活动、游戏活动等； • 家长谈话、家长问卷
	同情与关爱	爱家人和老师，关心、帮助同伴； 关心和同情弱小的动物、同伴及残疾人等； 能接纳来自不同地区、民族的人	• 尊敬父母、老师，听大人的话；别人不高兴时，能意识到，并会关心："你怎么了？""你怎么不高兴了？"当同伴跌倒受伤时，会很关心且想去帮助他；当同伴的积木建筑物倒塌时，会试着帮忙；帮助同伴捡起撒落一地的蜡笔；帮助正在解决某问题的同伴，如帮同伴拉上外套的拉链或系鞋带，协助同伴寻找不见了的玩具。 • 不戏弄和伤害动物，同伴喂自然角的小鱼时会提醒同伴："别喂食物了，小鱼会死的"；不嘲笑他人的缺陷："看他长得多难看"；不学别人口吃、跛腿走路等的样子；当别人犯错误或小便在身时，不取笑起哄。 • 不歧视外来儿童，与来自不同地区和民族的儿童共处："你家在哪里？"	• 游戏活动：来园离园活动； • 区角活动、自由活动、运动及其他日常活动； • 收集幼儿的作品，注意偶发事件； • 家长谈话、家长问卷

续表

评价内容		评价标准（合格）	表现举例	信息采集
美感与表达	感受与体验	对生活中美的事物表现出兴趣和喜爱； 愿意参与美术、音乐、故事表演等艺术欣赏活动，能感受和体验自然物、建筑、美术、音乐、戏剧作品或角色游戏中表现的内容	• "她笑起来很好看""那棵树真漂亮""那个红房子很好看""今天嘟嘟穿这件衣服像海军一样，很帅、很精神"。对艺术作品注意聆听或观赏，会说"真漂亮""真好听"，或者用惊叹、欣喜等表情表达出自己的感受； • 对艺术欣赏活动表现出兴致："那座房子像一只大鸟要飞起来，很特别""声音慢慢的、重重的，像只熊在走路，而且他不太开心""(画上)这个小妹妹不高兴了，你看她的嘴和眼睛"。跟随欢快的音乐做动物欢快的动作："××演老爷爷演得真像，走路的姿势和说话的声音都像"。能理解道具刻画的场景以及别人的象征行为，并在角色游戏中做出相应回应	• 语言、艺术欣赏或创作活动； • 散步、郊游等其他在大自然中的活动； • 在城市中的观光活动； • 看图画书； • 谈话
	表达表现	尝试用多种方式、用多种工具和材料进行各种创作活动，表达自己对事物的认识和情感； 运用一定的技能（语气、表情、肢体动作、线条、图形、色彩、节奏、音高等），帮助表达自己的想象与创造	• 用语言、唱歌、器乐、表情、动作、符号、图画、手工制作和雕塑等不同方式，用各种笔、手工剪刀、模具、印章、金属丝、连接或黏合材料、各种质地的纸、各种性质的颜料、黏土或积木等塑形材料、不同的乐器、取自自然的材料或生活中的一些用品等不同工具和材料创作作品，表达自己的想象；或者制作物品，在游戏中加以利用，如用橡皮泥等做各种饼干，然后邀请小朋友来"吃"。 • 能用不同的语气、语调和动作表现不同的故事角色；或在角色游戏中绘声绘色地扮演爸爸、妈妈或警察等；能用细而规则的线条表示声音很好听等	• 角色游戏、语言和艺术创作活动(不是临摹性的绘画或手工制作活动)； • 音乐或戏剧表演； • 作品分析 提示：评定的主要目的是发现幼儿喜爱的表达表现方法，进而可以对表现技法做有针对性的指导

参 考 文 献

[1] 刘苏. 现代幼儿园管理理论与实践[M]. 天津：天津社会科学院出版社，2003.
[2] 张燕. 幼儿园管理[M]. 北京：北京师范大学出版社，1997.
[3] 王晖晖，李晶. 幼儿园管理[M]. 北京：北京理工大学出版社，2010.
[4] 马虹. 幼儿园保教管理工作指南[M]. 上海：华东师范大学出版社，2014.
[5] 阿森西奥. 世界幼儿园设计典例[M]. 北京：中国水利水电出版社，北京：知识产权出版社，2003.
[6] 刘艳珍. 幼儿园管理[M]. 北京：北京师范大学出版社，2012.
[7] 唐淑，虞永平. 幼儿园班级管理[M]. 南京：南京师范大学出版社，2004.
[8] 高敬. 幼儿园课程[M]. 杭州：浙江教育出版社，2010.
[9] 朱家雄. 幼儿园课程[M]. 上海：华东师范大学出版社，2003.
[10] 屈玉霞. 幼儿园经营与管理[M]. 2版. 北京：科学出版社，2011.
[11] 吕英. 民办幼儿园的创办与管理[M]. 北京：学苑出版社，2010.
[12] 秦明华，张欣. 幼儿园组织与管理[M]. 上海：复旦大学出版社，2008.
[13] 北京师范大学实验幼儿园. 幼儿园后勤精细化管理[M]. 北京：北京师范大学出版社，2015.
[14] 陶金玲，许映建. 万千教育·幼儿园班级安全管理[M]. 北京：中国轻工业出版社，2014.
[15] 北京师范大学实验幼儿园. 幼儿园管理与教师培养丛书：保育员工作指南[M]. 北京：北京师范大学出版社，2012.
[16] 北京师范大学实验幼儿园. 幼儿园管理与教师培养丛书：幼儿园大型活动的组织与实施[M]. 北京：北京师范大学出版社，2015.
[17] 王普华. 幼儿园管理[M]. 北京：高等教育出版社，2005.
[18] 张新洲，徐启建，张春炬等. 幼儿园文化管理[M]. 南京：江苏凤凰少年儿童出版社，2015.
[19] 陈群. 幼儿园危机管理实务[M]. 北京：中国轻工业出版社，2009.
[20] 陈静，杨己洁，朱静芸. 生活取向的幼儿园班本课程[M]. 南京：南京师范大学出版社，2005.
[21] 罗长国，胡玉智. 幼儿园管理[M]. 2版. 北京：高等教育出版社，2011.
[22] 何磊，张新洲. 幼儿园管理评价体系的建立[M]. 南京：江苏少儿出版社，2015.